- 1971

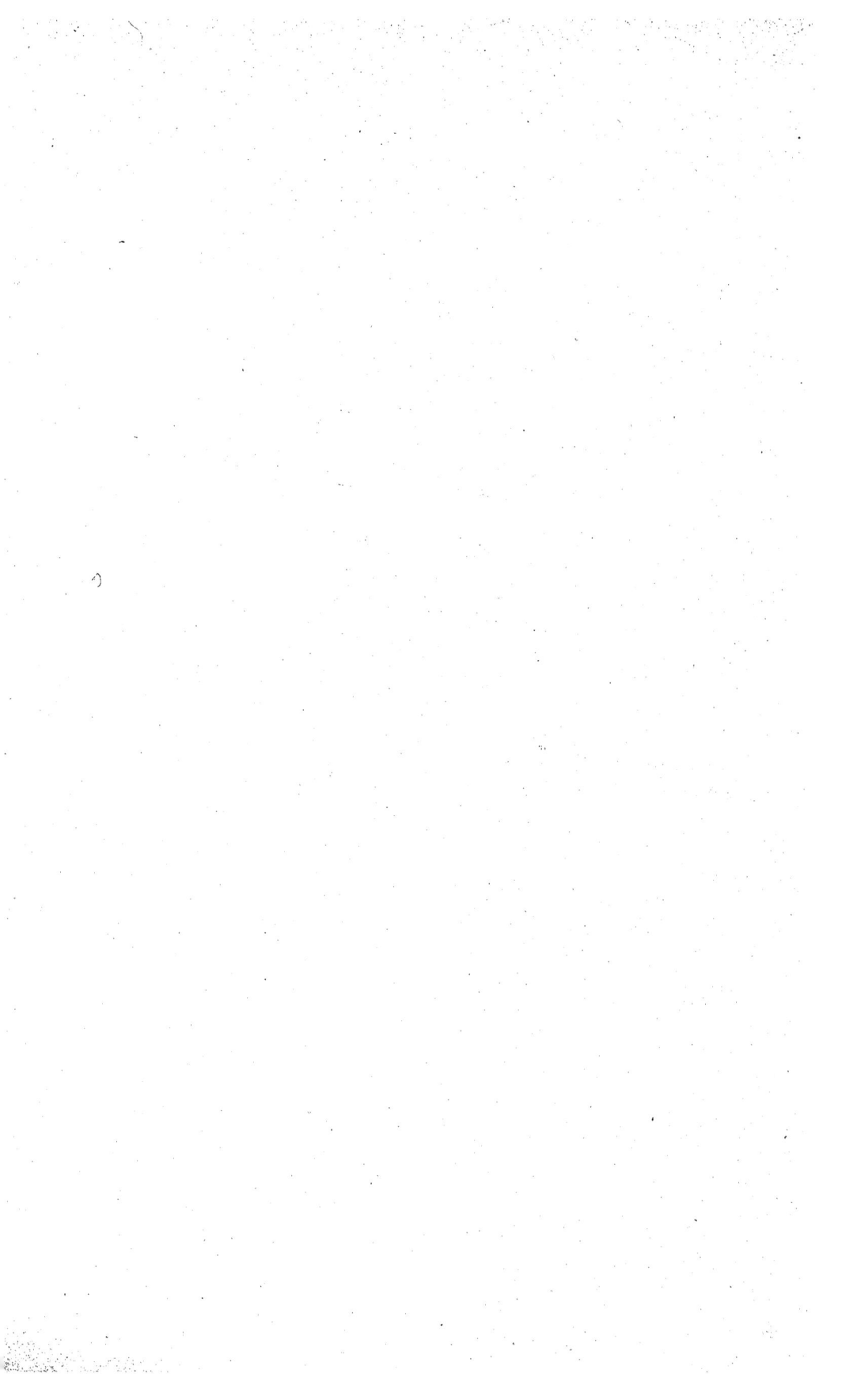

ÉTUDE

SUR LA

QUESTION JURIDICO-CIVILE

DES CORPS MORAUX

PAR

M. A.-I. SIMON

Chanoine Titulaire, Fondé de Pouvoir et Trésorier du Chapitre de Nice

J. M.

NICE

IMPRIMERIE ET LITHOGRAPHIE MALVANO, RUE GARNIER, 1

—

1903

Étude sur la question de la personnalité juridico-civile des établissements publics et privés, civils, ecclésiastiques, corps moraux religieux et de la propriété des meubles et immeubles leur appartenant.

En d'autres termes, étude sur le point de savoir quelles ont été les conséquences juridico-civiles de l'annexion de 1860 en ce qui touche l'existence légale des établissements publics et privés, civils, ecclésiastiques, corps moraux, religieux, tels que Menses épiscopales, Chapitres, Séminaires, Curés, Fabriques, Couvents, Monastères, et le droit de propriété des biens leur appartenant avant l'annexion à la France de la Savoie et du Comté de Nice, par l'abbé D. Ignace Simon, Chanoine titulaire, fondé de pouvoir, trésorier du Chapitre de Nice.

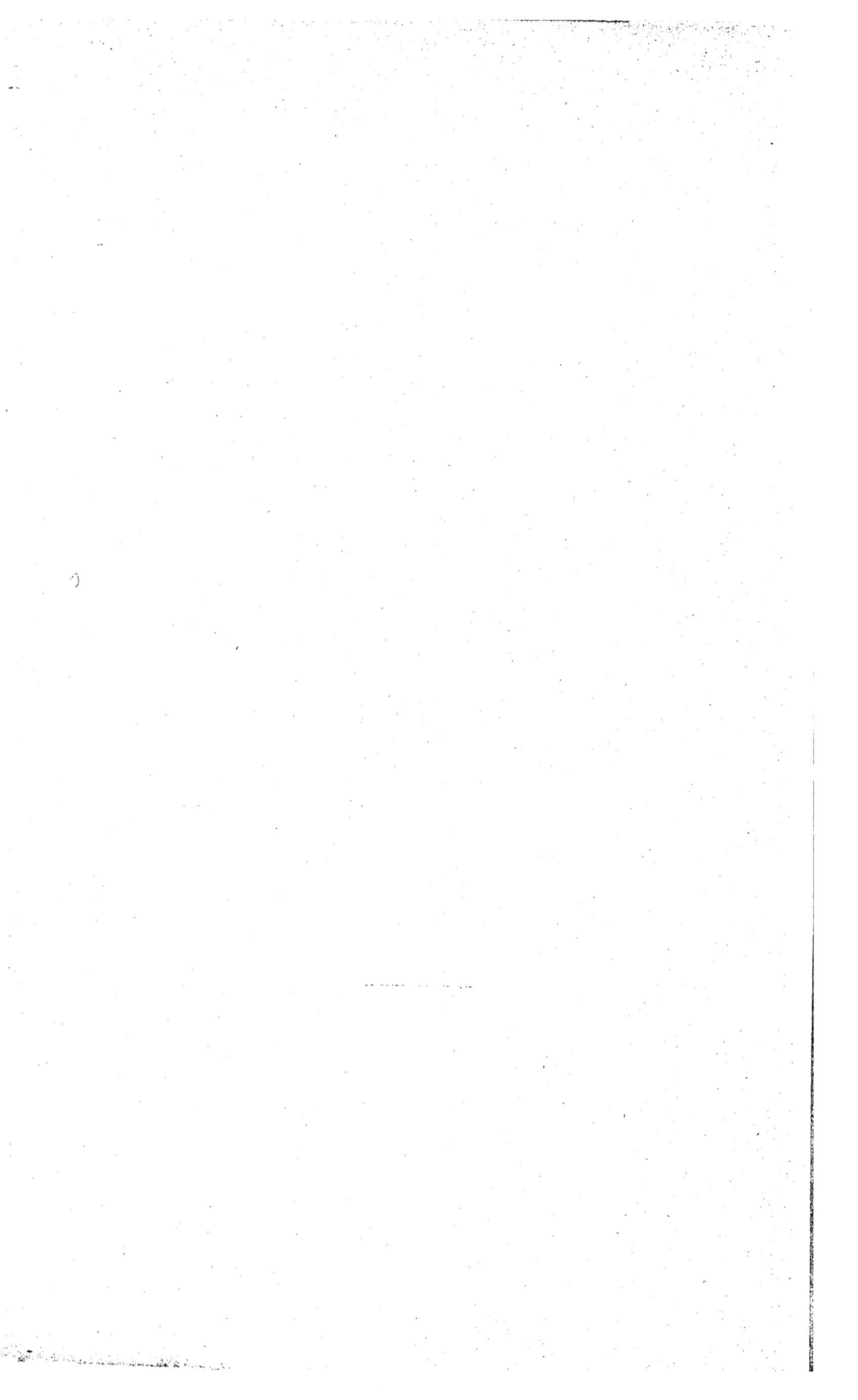

AVANT-PROPOS

DÉDICACE

L'examen attentif que nous avons cru devoir faire de l'arrêt rendu par la Cour d'Appel de Chambéry (Savoie) sur l'affaire litigieuse que le Chapitre de Nice a eue contre la commune d'Aspremont (Alpes-Maritimes), nous a convaincu que l'arrêt du 1ᵉʳ juillet 1903, a une plus grande portée qu'il ne paraît de prime abord. Cet arrêt intéresse la Mense Episcopale, le Chapitre, le Séminaire, la Cure, les Fabriques, le Monastère, et, en un mot, tous les corps moraux qui dans la loi sarde, et en suite de par la loi française avaient la personnalité civile. En nous plaçant à ce point de vue, il nous semble utile et même nécessaire de produire, ou du moins d'indiquer les documents qui justifient ledit arrêt, et qui peuvent servir de base à l'avenir pour sauvegarder les droits des dits établissements, dans le cas où ils seraient méconnus ou contestés.

Ces documents placés dans leur encadrement naturel, accompagnés des raisons juridiques qui montrent leur valeur probante de la personnalité civile et de la propriété de ces établissements, forment l'objet du présent travail, que depuis trois ans nous cherchons à élaborer juridiquement de notre mieux, tant à l'égard du fond que de la forme.

A cette raison s'en ajoutent deux autres très sérieuses, ce nous semble, qui montrent la raison d'être de ce mémoire.

La première ressort du caractère de quelques documents que nous avons pu nous procurer à Chambéry, et qui pour la cause du diocèse de Nice sont d'une importance exceptionnelle. En notre qualité de fondé de pouvoir, trésorier du Chapitre de Nice, nous avons cru ne pas pouvoir nous dispenser de mettre en vue ces pièces et d'en assurer la conservation.

Enfin, il nous a paru très opportun, nécessaire même, et très important de faire voir et retenir que c'est de la loi française que nous nous réclamons pour revendiquer et défendre le droit d'existence légale, et des droits acquis par les susdits établissements. Cela veut dire que c'est en qualité de *sujets français* que nous demandons que soient respectés les droits qui nous sont garantis par la loi française. Ces points nous ont semblé devoir être mis en pleine lumière, et c'est ce que nous nous sommes efforcé de faire dans cette étude.

Certes, notre travail ne se recommande pas par la forme, tant s'en faut, mais pour ce qui concerne le fond et la solidité juridique, nous osons le dire sans trop de présomption, qu'il ne manque pas d'une certaine valeur. Car, ayant dû suivre de près l'affaire contre la commune d'Aspremont, dans les instances devant le Tribunal Civil de Nice, la Cour d'appel d'Aix, la Cour de cassation et de la Cour d'appel de renvoi de Chambéry, nous en avons acquis une pleine connaissance. Nous la possédons dans son ensemble, dans les détails et dans les principes qui règlent la matière.

Avant de clôturer cet *Avant-Propos*, nous sommes forcé de payer une dette de reconnaissance bien méritée en exprimant nos respectueux hommages à M. Edouard Clunet, fondateur et directeur du journal de *Jurisprudence internationale*, ainsi qu'à M. André Weiss, auteur classique de Droit international privé, sans oublier les éminents jurisconsultes de la Savoie et MM. les Canonistes nommés dans la présente Etude. Car, si dans ce travail on relève un *Criterium juris Gentium*, un critérium du droit des gens, du droit romain, du droit international et canonique ;

Si l'argumentation serrée tire *des principes,* comme prémisses l'illation et la conséquence légitime du syllogisme conformément aux règles ; nous l'avouons hautement, ce résultat est dû au profit de la lecture assidue et pondérée de leurs pages immortelles.

Dans ce travail nous avons imité l'abeille industrieuse qui sur toutes les fleurs, même venimeuses, sait tirer du pistil, du pétale et de la corolle le suc substantiel, que, ensuite, à son gré, par une synthèse prodigieuse, elle réduit à un tout, selon sa volonté, en cire ou en miel.

Or, après ce sincère tribut de gratitude aux illustres auteurs ici nommés, passons à la dédicace.

MONSEIGNEUR L'EVÊQUE DE NICE,

Daignez nous accorder la faveur d'accepter cette Etude que nous dédions à Votre Grandeur, ou plutôt que nous soumettons à l'appréciation de votre haute sagesse.

Heureux d'avoir l'avantage de dédier ce travail à Votre Grandeur comme gage de notre sincère dévouement, nous avons l'honneur, Monseigneur, de vous exprimer aussi l'hommage de notre profond respect.

Nice, 27 septembre 1903.

Le Procureur Trésorier du Chapitre de Nice,

J. SIMON,

Chanoine titulaire.

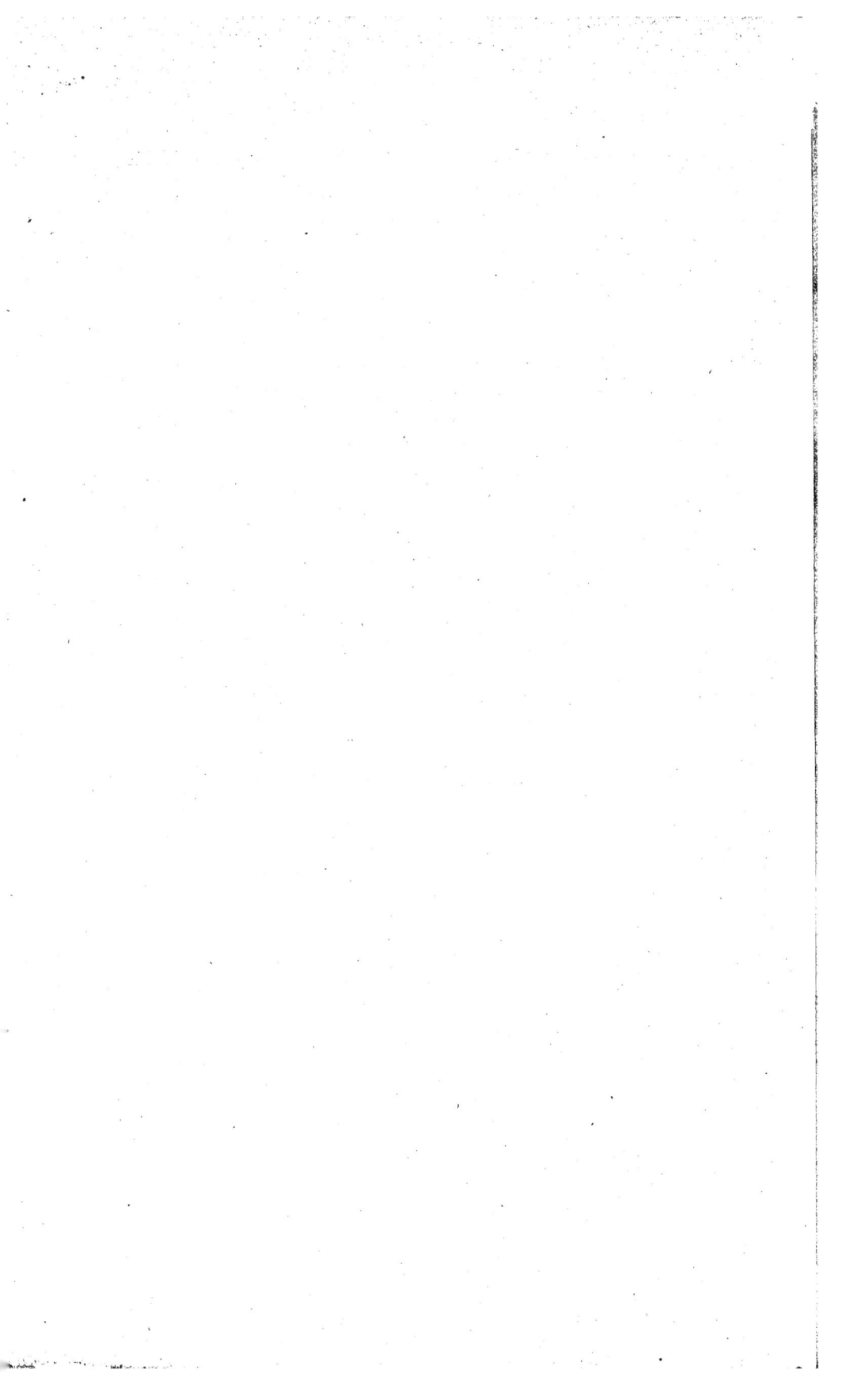

PREMIÈRE PARTIE

EXPOSÉ

I. — Les Documents Administratifs

La question de la personnalité juridico-civile des établissements publics tels que : Mense Episcopale, Chapitres, Cures, Séminaires, Monastères, etc., et de la propriété des biens leur appartenant, dans les départements annexés à la France en 1860 paraissait depuis longtemps résolue, lorsqu'un avis du Conseil d'Etat, en séance du 10 janvier 1900, au sujet de la situation légale du Chapitre de Nice, et une lettre en date du 8 février 1900, au nom de M. le Ministre des Cultes, signée par M. le Directeur général des Cultes, C. Dumay, communiqué le 17 février 1900 au Chapitre de Nice au nom de Sa Grandeur Mgr Chapon, évêque de Nice, signée le vicaire général Cappatti, ont rouvert les débats.

Il importe de reproduire avant tout le texte intégral de ces documents, puisque nous sommes pour en discuter la portée juridique.

I

Paris, le 8 février 1900.

ÉVÊCHÉ DE NICE

MINISTÈRE DE L'INTÉRIEUR
ET DES CULTES
—
Direction Générale des Cultes
—
1er Bureau
N° 8298
—
Département des Alpes-Maritimes
—
DIOCÈSE DE NICE
—
Objet :
Agrandissement de la Cathédrale
de Nice
Cession à l'État par le Chapitre
d'immeubles lui appartenant
Au sujet de la situation légale
du Chapitre de Nice

MONSIEUR L'EVÊQUE,

A la date du 23 novembre dernier, j'ai soumis à l'examen du Conseil d'Etat un projet de décret tendant à approuver la cession à l'Etat par le Chapitre de Nice d'une portion de maison dont cet établissement est propriétaire à Nice, rue Colonna-d'Istria.

Après avoir pris connaissance de ce projet de décret, la Section de l'Intérieur et des Cultes a émis l'avis dont je vous communique ci-joint copie. J'ai l'honneur de vous faire savoir Monsieur l'Evêque, que j'adopte cet avis qui devra être transcrit sur le registre des délibérations du Chapitre de Nice, en marge de la délibération du 2 mars 1899.

Je vous prie, en conséquence, de vouloir bien inviter cette Assemblée à délibérer à nouveau sur l'affaire dont il s'agit, en se conformant aux Statuts approuvés par décret du 28 mai 1864.

Agréez, Monsieur l'Evêque, l'assurance de ma haute considération.

P^r le Président du Conseil, Ministre de l'Intérieur et des Cultes,
Le Conseiller d'Etat, Directeur Général des Cultes,

P^r copie conforme à l'original,
Nice, le 16 février 1900.
Pr Monseigneur l'Evêque,

Signé : Ch. DUMAY.

CAPPATTI, Vic. Gén.

A Monsieur l'Evêque de Nice.

II

EVÉCHÉ DE NICE

Nice, le 17 février 1900.

Monsieur le Doyen,

J'ai l'honneur de vous communiquer, sous ce pli, copie d'une lettre de M. le Ministre des Cultes et copie d'extrait des délibérations du Conseil d'Etat relatives à la cession par le Très Rév^d Chapitre à l'Etat d'un immeuble sis rue Colonna-d'Istria, en vertu de sa délibération du 2 mars 1899.

Vous voudrez bien, Monsieur le Chanoine Doyen, les soumettre à l'appréciation de Messieurs les honorables Membres du Rév^d Chapitre et nous faire parvenir la délibération à intervenir.

Veuillez agréer, Monsieur le Chanoine Doyen, l'expression des sentiments respectueux avec lesquels j'ai l'honneur d'être votre humble et dévoué serviteur,

Pr Monseigneur l'Evêque,
CAPPATTI, Vic. Gén.

A Monsieur le Chanoine Doyen du Très Revd Chapitre Cathédral de Nice.

III

CONSEIL D'ÉTAT

Extrait du Registre des Délibérations de la Section
Séance du 10 janvier 1900

AVIS

ÉVÈCHÉ DE NICE

SECTION DE L'INTÉRIEUR
DES CULTES
DE L'INSTRUCTION PUBLIQUE
ET DES BEAUX-ARTS
N° 121.492

Chapitre de la Cathédrale de Nice
Cession d'un immeuble à l'Etat
Demande d'avis relative
à l'organisation du Chapitre

M. SAISSEL-SCHNEIDER
Rapporteur

La Section de l'Intérieur, des Cultes, de l'Instruction publique, et des Beaux-Arts du Conseil d'Etat qui, sur le renvoi ordonné par M. le Ministre de l'Intérieur et des Cultes, a pris connaissance d'un projet de décret tendant à approuver la cession faite à l'Etat par le Chapitre de la cathédrale de Nice, d'une portion de maison dont cet établissement est propriétaire à Nice, rue Colonna-d'Istria, 12.

Vu le procès-verbal, de la séance du 2 mars 1899, dans laquelle la cession a été consentie et M. Antonin Guidi, chanoine-curé, délégué pour signer tout acte à intervenir, ensemble l'acte administratif, du 30 juin 1899, passé entre le Chapitre et le Préfet des Alpes-Maritimes, au nom de l'Etat.

Vu l'article 11 de la Convention du 26 messidor an IX et l'article 35 de la loi du 18 germinal an X ;

Vu le traité de Turin, du 24 mars 1860 promulgué par décret du 11 juin suivant ;

Vu le sénatus-consulte du 12 juin 1860 et la Convention du 23 août 1860, promulgué par décret du 21 novembre suivant ;

Vu le décret du 16 août 1862, réunissant l'Evêché de Nice à la métropole d'Aix et autorisant la réception et la publication en France de la bulle donnée, à cet effet, à Rome, sur la proposition du Gouvernement français, le 24 juillet 1861 ;

Vu le décret du 28 mai 1864, approuvant les Statuts du Chapitre de l'église cathédrale de Nice, présentés par l'Evêque du diocèse.

Considérant qu'aux termes des articles 11 de la Convention du 26 messidor an IX, et 35 de la loi du 18 germinal an X, les évêques ne peuvent établir des Chapitres cathédraux dans leurs diocèses qu'avec l'autorisation du Gouvernement, tant pour l'établissement lui-même que pour le nombre et le choix des ecclésiastiques destinés à les former.

Que par application de ces conditions, un décret du 28 mai 1864 a approuvé les statuts du Chapitre de l'église cathédrale de Nice, présentés par l'évêque du diocèse et que l'article Iᵉʳ des Statuts porte que le Chapitre est composé de neuf membres y compris le chanoine-curé ;

Considérant que la délibération du 2 mars 1899 a été prise en double violation de cet article et des prescriptions de la loi du 18 germinal an X, qu'en effet il résulte du procès-verbal de la séance que ladite délibération a été concertée et signée par dix-huit chanoines, dont dix non reconnus, et, par conséquent, sans titre pour participer aux actes d'administration du diocèse ;

Qu'on prétendrait vainement justifier cette intervention en invoquant les stipulations diplomatiques échangées au moment de la cession du Comté de Nice, alors que ni le traité de Turin, du 24 mars 1860, ni l'article 7 de la Convention, du 23 août suivant qu'on rappelle n'ont eu en vue les titulaires ou les établissements ecclésiastiques.

Que, dans ces conditions, la délibration du 8 mars 1899 doit être tenue pour nulle et non avenue ;

Est d'Avis :

Qu'il n'y a pas lieu de donner suite au projet de décret.

Signé : SAISSEL, Rapporteur ;
Paul DISLÈVE, Président ;
R. LAGRANGE, Secrétaire.

Pʳ copie conforme à l'original,
Nice, le 16 février 1900.
Pʳ Monseigneur l'Evêque,
CAPPATTI, Vic. Gén.

II. — Considérations générales

I

Les trois documents importants que nous venons de reproduire *in extenso* ont été généralement interprétés en ce sens que désormais les Chapitres et tous autres corps moraux de Savoie et du Comté de Nice, comme établissements publics, tels qu'ils étaient constitués d'après les lois Sardes de 1814 à 1860, ont perdu leur droit d'existence légale, et par conséquent comme tels ont subi aussi la perte de leurs biens, sans qu'il y ait lieu de rechercher quel était leur droit, ou à qui appartenaient ces biens avant 1860, ce droit et cette propriété leur ayant été ravis par le seul fait de l'annexion et de la promulgation des lois françaises en Savoie et dans le comté de Nice.

Cette thèse, si elle était admise, aurait de graves conséquences pour le Chapitre cathédral de Nice. Elle entraînerait la perte de l'autonomie du Chapitre de Sainte-Réparate, la perte de l'existence légale et par là de la reconnaissance de la personnalité juridico-civile, la suppression de douze canonicats dont chaque titulaire n'aurait plus droit à la stalle et à la voix délibérative en chapitre et pour les neuf reconnus la perte du droit de réunion, de propriété et de voix délibérative.

En vue de ces graves conséquences, les chanoines investis de droits acquis peuvent se demander si le Conseil d'Etat, en date du 10 janvier 1900, a pu donner un sens et une interprétation autorisée des pièces qu'il a déclaré avoir vues pour en conclure son avis, par lequel il semble constituer et établir une loi obligatoire vis-à-vis des sujets de la Savoie et du comté de Nice devenus Français en vertu du traité d'annexion du 24 mars 1860 ; et si la lettre de M. le directeur général des Cultes signée Ch. Dumay, au nom de Son Excellence M. le ministre des Cultes, s'y rattachant, peut astreindre le Chapitre de Nice à se soumettre à cette loi édictée par le Conseil d'Etat.

Et tout d'abord quelle est, sous la constitution qui régit actuellement la France, l'autorité d'un avis du Conseil d'Etat?

Sous la Constitution de l'an VIII, le Conseil d'Etat émettait des avis qui étaient insérés au *Bulletin des lois* après approbation du Chef de l'Etat. La jurisprudence les considère comme ayant force de loi.

Mais ce pouvoir ne lui a pas été conservé par les constitutions postérieures. Actuellement, il émet plusieurs sortes d'avis. Les règlements d'administration publique et les décrets en forme de règlements d'administration publique ne peuvent être rendus qu'après l'avis du Conseil d'Etat. Ces règlements et décrets, émanant du pouvoir exécutif et intervenant à la suite d'une délégation du législateur, sont obligatoires comme la loi elle-même. En certaines matières, le Gouvernement doit statuer en Conseil d'Etat, ou le Conseil d'Etat entendu, le Conseil concourt ainsi à la décision du Gouvernement. Enfin, il peut être consulté sur les projets de loi qui lui sont renvoyés par les Chambres, ou par le Gouvernement, sur les projets de décrets, et en général sur toutes les questions qui lui sont soumises par le Président de la République ou par les Ministres (loi du 24 mai 1872, art. 8-3).

Les avis de cette dernière catégorie n'ont aucune force obligatoire, ni pour les tribunaux, ni pour les ministres, ni pour les particuliers, ni pour le Conseil lui-même qui n'est pas lié par son avis, et qui peut, les cas échéants, rendre une décision en sens contraire, si, la question étant de sa compétence comme tribunal administratif, il vient à en être saisi au contentieux.

Ces avis ne sont donc que de simples consultations destinées à éclairer le ministre qui les a provoquées (répertoire général alphabétique du droit français. Conseil d'Etat, n° 46 et 243, et les autorités citées sous ce dernier numéro : Serrigny, Chauveau etc. — Dalloz, code des lois administratives, t. 1, v°, Conseil d'Etat, n° 90 et suivants).

C'est évidemment dans cette classe qu'il faut ranger l'avis du 10 janvier 1900, puisqu'il ne fait corps ni avec un décret, ni avec un règlement d'administration publique.

De là on est autorisé à dire que M. le directeur général des Cultes exagère la validité et la portée de cet avis le considérant comme une loi, pour donner en conséquence des ordres au Chapitre de Nice, de transcrire cet avis sur le registre des délibérations du Chapitre de Nice en marge de la délibération du 2 mars 1899, et à M. l'évêque de vouloir bien inviter cette assemblée à délibérer à nouveau sur l'affaire dont il s'agit, en se conformant aux statuts approuvés par décret du 28 mai 1864.

Cet avis ne tranche définitivement ni la question relative à l'organisation du Chapitre de Nice rapport à son autonomie assurée par les lois sardes qui le reconnaissaient établissement public, constitué en personne civile, ni celle relative à la propriété des biens lui appartenant.

Un avis ne saurait trancher un litige, ni déterminer un droit, car ce n'est ni un jugement, ni une loi, il laisse entière la question qui y a donné lieu. Et cela est vrai, surtout en matière de propriété. C'est aux tribunaux de l'ordre judiciaire seuls, à l'exclusion des juridictions administratives et du Gouvernement, qu'appartient la connaissance des litiges de cette nature.

Le contestera-t-on en l'espèce, en disant qu'il s'agit d'interpréter des actes diplomatiques, et que cette interprétation échappe à l'autorité judiciaire ? Cette objection serait facile à réfuter, d'après Weiss, auteur du Droit international privé. En effet, les traités ont un double caractère : dans les rapports des Etats entre eux, ce sont des contrats synallagmatiques ; à l'égard des nationaux des deux pays, ce sont des lois, dès qu'ils ont été régulièrement promulgués et publiés.

Si la question soulevée à propos d'une convention diplomatique a trait aux rapports des deux Etats, ou aux *mesures de protection stipulées en faveur de leurs nationaux respectifs*, ce n'est ni le tribunal saisi, ni son gouvernement qui peut les trancher.

Il faut recourir à la voie des négociations diplomatiques, car l'une des parties contractantes ne peut trancher le litige sans l'assentiment de l'autre, ni déléguer ce pouvoir à ses magistrats ou à ses fonctionnaires. Lors donc qu'il s'agit de questions de droit international public, les tribunaux, quel que soit l'ordre auquel ils appartiennent, sont incompétents pour interpréter les traités diplomatiques.

Mais s'il ne s'agit que d'intérêts privés, et si l'acte diplomatique est envisagé non plus comme contrat entre gouvernements, mais comme loi de l'un des deux pays, c'est à l'autorité de ce pays qu'appartient le droit d'interprétation, comme s'il s'agissait d'une loi ordinaire. En France ce sera donc, suivant le cas, aux tribunaux ou à l'administration qu'incombe la charge d'interpréter ; car un traité n'est pas un acte administratif : c'est une loi, et toutes les contestations qui peuvent en découler sont du ressort des tribunaux ou de juridiction administrative, suivant que la question est de la compétence des uns ou des autres.

Conseil d'Etat, 12 décembre 1868, Dalloz, 69,3,59
Cassation,   6 janvier   1873   »   73,1,119
    »   27 juillet   1877   »   78,1,139
    »   30 juin   1884   »   85,1,303
    »   14 mai   1895   »   96,1,249

interprétant l'article 11 du traité de Francfort. Or, quelle est l'autorité compétente pour interpréter les lois en matière des *droits acquis*, et en matière de propriété ? Ce sont, à l'exclusion de tous autres, les tribunaux de l'ordre judiciaire, ce sont donc eux seuls qui ont qualité pour décider à qui appartient le droit de personnalité civile accordée par la loi sarde, et à qui appartiennent les biens possédés par cette personne civile, même si la solution du litige devait être cherchée dans le traité de 1860, et le Conseil d'Etat n'avait pas à s'immiscer dans les débats, si ce n'est pour donner un simple avis.

On peut donc tenir pour certain que l'avis du 10 janvier 1900 n'a pu modifier la situation des Chapitres des départements annexés, quant à leurs droits acquis de personnalité civile et de propriété ; ils sont à ce point de vue ce qu'ils étaient au moment de l'annexion. Vainement dirait-on que *dans certains cas*, un acte administratif a pu intervenir pour fixer la propriété sur la tête d'un établissement public. L'interprétation administrative ne serait applicable qu'à ce cas tout à fait spécial. Ainsi, le décret du 30 mai 1806, en attribuant des biens ecclésiastiques aux Fabriques, prescrivait qu'un acte de délivrance serait fait par le Gouvernement. (Article 2, décret 30 mai 1806, porte : les échanges et aliénations n'auront lieu qu'en vertu des décrets de Sa Majesté.) Tout le monde est d'accord pour reconnaître que le décret 1806, acte législatif, appartient à la justice civile, et que l'acte individuel de délivrance doit être apprécié par l'Administration. Mais la question qui se passe pour la Savoie et le Comté de Nice est d'ordre général et non d'ordre individuel, elle est législative et non administrative. — On verra même que la remise des biens ecclésiastiques aux établissements divers, reconnus après 1814, ne comporte à Nice et dans la Savoie aucune intervention spéciale du Gouvernement. C'est donc la loi en matière de droits acquis de personnalité civile et de propriété qu'il s'agit de connaître et d'appliquer. Personne autre que le juge civil n'a compétence à cet égard.

Nous nous réservons d'examiner ensuite, les lois, les décrets, le traité et convention internationale sur lesquels le Conseil d'Etat s'appuie pour fonder son avis, la lettre de M. Dumay qui s'y rattache pour obliger les Chanoines de Nice à voter leur destitution.

Mais avant il faut rechercher quels étaient les principes de la législation Sarde veillante en Savoie et à Nice, au moment de l'annexion, en ce qui concerne l'existence civile des établissements publics et de la propriété de l'Eglise.

DEUXIÈME PARTIE

I

La Législation sarde — Pour ce qui concerne la personnalité civile des corps moraux

Selon les Constitutions générales de 1770, édits et autres dispositions des royaux prédécesseurs dans les Etats sardes jusqu'à l'époque du 21 septembre 1792, les lois de l'Eglise catholique ainsi que le Concile de Trente étaient en pleine vigueur et observées. Par conséquent, la liberté dont jouissait l'Eglise catholique dans lesdits Etats sardes comportait toutes les institutions, et dans la teneur qui lui est propre, et principalement les chapitres cathédraux érigés en Savoie et à Nice selon la forme canonique et régis par le droit commun. Pour ce qui concerne la propriété, le droit public en Savoie et dans le comté de Nice jusqu'en 1792 comportait un patrimoine général de l'Eglise auquel dans chaque chapitre cathédral : abbaye, couvent, ou bénéfice, ou paroisse, appartenaient les biens attachés au service déterminé par chaque fondation, ainsi les prébendes canoniales, les édifices consacrés au culte divin et les biens attachés au service de ce culte, ou à l'entretien et au logement de ses ministres. Ce droit public accordait aux citoyens catholiques la faculté de créer des bénéfices ecclésiastiques sans intervention ni autorisation de l'Etat, et à l'église de les sanctionner avec l'acceptation et érection définitive. De plus, en vertu des concordats intervenus entre le Saint-Siège Apostolique et les rois de Sardaigne, le Gouvernement exigeait seulement que de telles érections canoniques on lui donnât avis, pour soumettre tels biens devenus ecclésiastiques à l'assiette de main-morte au nom de la nue-propriété ou de l'usufruitier du bénéfice. Il n'est pas inutile de rappeler à ce sujet que le droit de patronage actif réservé au donateur qui avait construit une église ou fondé un bénéfice, n'attribuait au patron aucun droit de propriété ou de co-propriété ; il lui conférait seulement des avantages honorifiques (parmi lesquels celui de présenter à l'autorité compétente le candidat à nommer pour l'investiture d'un bénéfice déterminé) qui avaient leur compensation dans les charges d'entretenir les édifices et les immeubles soumis à ce droit.

Le comté de Nice ayant été envahi par les armées françaises (28 septembre 1792) et annexé à la République française par décret de la Convention du 4 novembre 1792, et par la promulgation des lois de la Révolution, en date du 13 janvier 1793, la propriété ecclésiastique prit fin dans le comté de Nice, et les biens de l'Eglise furent déclarés appartenir à la Nation.

Neuf ans plus tard, le 15 juillet 1801, était signé à Paris, par les plénipotentiaires de Sa Sainteté Pie VII et ceux du Gouvernement français, la célèbre convention connue sous le nom de Concordat, acte diplomatique, bientôt suivi de la loi organique du 18 germinal an X, et de décrets, d'arrêtés ayant pour objet le rétablissement du culte, et la restitution dans ce but des églises et des autres biens confisqués par la nation et non encore aliénés. Arrêté du 7 thermidor an XI, décrets du 15 ventôse, du 28 messidor et du 22 fructidor an XIII et du 30 mai 1806, etc. L'examen de ces diverses dispositions trouvera sa place plus loin. Sans autre transition nous arrivons à 1814, date où le roi de Sardaigne reprit possession de ses anciens Etats.

II

En vertu du traité de Vienne 1814 et ensuite du traité de Paris, à la date du 30 avril 1814, le comté de Nice a été rendu au roi de Sardaigne et les sujets depuis cette date ont été soumis aux lois sardes. Pour se faire de ces lois une exacte interprétation, il convient de préciser que sous le régime sarde de 1814, le roi exerçait le pouvoir souverain dans toute sa plénitude; qu'il faisait *seul* les lois, et que sous quelque dénomination que parussent les actes émanés de sa volonté, lettres-patentes, édits, ou billets royaux, ils avaient tous la même force exécutoire et obligeaient également tous ses sujets.

Le roi de Sardaigne Victor-Emmanuel Ier, dans la préface de son édit du 21 mai 1814, déclare qu'il entend annuler le système politico-civil de la Révolution et établir le système politico-économique jadis en vigueur dans les Etats royaux de Sardaigne. Cet édit enregistré au Sénat de Nice le 1er juin 1814, et tout aussitôt publié, porte les dispositions suivantes :

« Nous voulons qu'à dater de la publication du présent édit, les lois actuellement existantes cessent d'être observées, et nous remettons en vigueur les Constitutions générales de 1770, édits et autres dispositions de nos royaux prédécesseurs jusqu'à l'époque du 21 septembre 1792. » Par l'édit du 28 octobre 1814, en ce qui concerne spécialement les biens ecclésiastiques non aliénés à titre onéreux, par un billet royal du 27 juin 1815, le roi de Sardaigne a réintégré le Chapitre de Nice dans ses droits, sans qu'il ait été nécessaire de le constater par aucun autre acte, et il s'empressa d'anéantir, dans la mesure du possible, les effets des lois françaises dans *ces deux provinces*, sa volonté à cet égard a été clairement manifestée par la révocation de toutes les concessions qui en auraient été faites à titre non onéreux par le Gouvernement antérieur, son but étant ainsi qu'il le déclarait « expressément » d'indemniser tous ceux qui auraient été lésés par de telles concessions.

Ces effets légaux des billets royaux ne pouvaient pas être contestés et ne l'ont pas été. Aux termes de ces édits, toute la législation française, y compris les lois civiles édictées sous le régime français de 1792 à 1814, tels que le décret de la Convention (26 messidor an IX) et la loi organique du 18 germinal an X, étaient purement et simplement abrogées et cédaient la place à la législation d'avant 1792, remise tout entière en vigueur.

La personnalité civile des corps moraux, ainsi que la propriété ecclésiastique se trouvaient ainsi de plein droit constituées telles qu'elles existaient en 1792, avant la révolution sous la réserve toutefois des aliénations faites à titre onéreux, aliénations dont le maintien était garanti par la déclaration du Souverain Pontife insérée dans le concordat de 1819 et par les stipulations du traité de Paris (30 mai 1814) et par concordat, 14 mai 1828. Un billet royal, du 27 juin 1815, déclara en conséquence que toutes les concessions et aliénations des biens ecclésiastiques, faites par le Gouvernement qui venait de cesser en faveur des *particuliers ou des établissements publics*, étaient non avenues et pleinement révoquées, s'il n'était établi qu'elles avaient eu lieu à titre onéreux. Entre autres dispositions révoquées par ce billet royal on peut citer l'avis du Conseil d'Etat du 2 pluviôse an XIII attribuant aux communes la propriété des églises et des presbytères restitués en vertu de la loi du 18 germinal an X.

Le billet royal du 29 octobre 1815, du 20 février et 19 novembre 1816, du 28 septembre 1817, et plus tard les stipulations d'un concordat conclu le 14 mai 1828 entre le pape Léon XII et le roi Charles-Félix, pourvurent à la restitution des biens de toute nature ayant appartenu aux ordres religieux et aux établissements ecclésiastiques. C'est au moyen de ces fonds soumis à l'administration de l'Economat général qu'a été constitué et renté dans chaque diocèse un Chapitre de chanoines.

La valeur légale et l'efficacité du billet royal du 27 juin 1815, celle des autres billets royaux rendus pour en assurer l'exécution, celle du Concordat du 14 mai 1828, ont été reconnues par un arrêt de la Cour de cassation de Paris (17 novembre 1863) rendu sur le pourvoi de la ville de Saint-Jean-de-Maurienne (Savoie) et dont il est utile de reproduire les termes :

« Attendu que, par billet royal du 27 juin 1815, le roi de Sardaigne, « agissant dans la plénitude de son pouvoir souverain, a révoqué dans « ses Etats toutes concessions faites à titre non onéreux, par le Gou- « vernement français des biens ayant appartenu au clergé, aux ordres « et congrégations religieux, en plaçant provisoirement les biens ainsi « concédés sous l'administration des finances jusqu'à ce qu'ils puissent « être rendus à leur destination primitive, ou autrement affectés à un « service religieux ;

« Attendu que ce décret qui est moins un acte administratif qu'un « acte de haute administration a été rendu dans la forme alors usitée « dans les Etats sardes ;

« Attendu que l'arrêt attaqué (arrêt de la Cour d'appel de Savoie
« du 8 août 1859) constate qu'en suite de ce décret et de plusieurs autres
« rendus pour en assurer l'exécution, la ville de Saint-Jean-de-Mau-
« rienne a demandé au Gouvernement sarde la concession gratuite
« des immeubles dont il s'agit, et qu'en réponse à cette demande on ne
« lui a laissé qu'une détention provisoire et révocable, jusqu'à ce qu'il
« eût été prononcé sur la destination des couvents restitués au domaine
« royal ;

« Attendu que cette destination a été définitivement réglée par le
« Concordat du 14 mai 1828, en vue duquel ces dispositions souveraines
« avaient été prises, etc., rejette (Journal des Cours de Chambéry et
« de Grenobe 1865, page 295). »

III

Le droit reconstitué en faveur de l'Eglise par la législation que
nous venons de résumer, reçut une nouvelle sanction en 1837 par la
promulgation du Code civil de Charles-Albert. Ce monarque, dans le
préambule de l'édit daté de Turin, 20 juin 1837, tendant à la promulgation du même code, déclare que la loi est conforme aux principes de
notre sainte religion catholique et à ceux fondamentaux de la Monarchie, et l'article 1er de ce Code civil porte : la religion catholique
apostolique, romaine est la seule religion de l'Etat. Article 2 : le roi
se glorifie d'être le protecteur de l'église et de promouvoir l'observance
des lois, dans les matières qui appartiennent au pouvoir de la même.
§ 2. Les magistrats suprêmes veilleront à ce que soit maintenu le
meilleur accord entre l'Eglise et l'Etat.

Par ces deux articles, le Code sarde affirmait le droit à l'église
catholique de la liberté plénière prise dans son ensemble, et de même
pour toutes les institutions qui lui sont propres, et principalement pour
l'institution des Chapitres cathédraux, en déclarant que le roi se glorifie
de favoriser les lois dans les matières appartenant au pouvoir de l'église.
Le même code à l'article 25 porte : l'Eglise, les communes, les établissements publics, les Sociétés autorisées par le roi et autres corps
moraux sont considérés comme autant de personnes, et jouissent *des
droits civils...* Article 418 : les biens appartiennent ou à la *Couronne*,
ou à l'église, ou aux établissements publics, ou aux particuliers...
Article 433 : sous le nom de biens d'église on entend ceux qui appartiennent à chaque bénéfice, ou à des établissements ecclésiastiques...
Article 435 : les biens des établissements publics sont ceux dont la
destination est affectée pour effectuer l'objet de la création et pour en
soutenir les frais.

Article 436 : les biens de l'Eglise, des communes, des œuvres pies et
des autres établisssements publics ne peuvent être administrés et aliénés
qu'avec les formes et les règles qui leur sont propres. Pour l'église

et les établissements publics religieux, selon l'article 2 (Code civil) ci-dessus cité, les biens administrés et aliénés comme *biens de l'Eglise* étaient assujettis uniquement à la forme et aux règles édictées par les Sacrés Canons de l'Eglise.

N.-B. — Pour satisfaire à cette obligation, le Chapitre de Nice a demandé à la Sacrée Congrégation du Concile, l'autorisation de céder gratuitement à l'Etat français, la maison qu'il possédait à Nice, rue Colonna-d'Istria, 12, pour l'agrandissement de la Cathédrale. La même congrégation représentée par le Préfet Son Eminence le Cardinal di Pietro, en date du 9 janvier 1899, a accordé cette cession à la condition de remplir les charges y annexées.

Tous les articles susmentionnés du Code Albertin dans son ensemble reconnaissent de même que les lois sardes antérieures à 1792, remises en vigueur en 1814, l'existence de la personne juridico-civile (reconnue par la loi) des établissements publics et religieux, ainsi que l'existence du patrimoine de l'Eglise comprenant les biens qui appartiennent à chaque bénéfice, ou à d'autres établissements ecclésiastiques.

En résumé le Chapitre cathédral de Nice, réintégré dans ses anciens droits par le billet royal du 27 juin 1815, sans qu'il ait été nécessaire de le constater par aucun autre acte, par le fait de cette réintégration avait la qualité de corps moral jouissant de la personne juridique reconnue par la loi (article 25, Code civil Albertin) et rendu habile à posséder selon article 418, Code civil Albertin et ce suivant la législation que l'on vient d'exposer et qui était en vigueur à la date du traité (24 mars 1860.)

TROISIÈME PARTIE

La Législation Française. — Effets de l'Annexion sur les droits de personne Juridico-Civile des Etablissements religieux, publics et privés et sur la propriété de leurs biens.

Le comté de Nice a été civilement annexé à la France par la publication du Sénatus-consulte du 12 juin 1860, rendu exécutoire par décret impérial du même jour, et du traité 24 mars 1860, conclu entre le roi de Sardaigne et l'empereur Napoléon III, et mis en exécution le 14 juin de la même année. Nous avons recherché jusqu'ici quels étaient, à la veille de l'annexion 1860, les droits juridiques d'existence légale civile des établissements religieux publics ou privés, et ceux de la propriété des biens à eux attribués d'après les lois sardes.

Ces droits leur étant acquis, la souveraineté de l'Etat cessionnaire doit indiscutablement les reconnaître.

Mais avant de traiter la question des effets de l'annexion, expliquons : 1° qu'est-ce qu'un *Droit acquis* ? 2° qu'est-ce que le *Droit de souveraineté de l'Etat* ?

Qu'est-ce qu'un droit acquis?

Le droit peut être défini « Principe antérieur à toute société, à toute législation humaine », en d'autres termes « le droit est établi par la loi naturelle imprimée dans le cœur de l'homme en naissant ».

Le droit civil étant porté par une loi humaine politique, expliquons qu'est-ce qu'une loi? C'est dans le droit naturel qu'est la vraie source de la liberté, égalité, fraternité par la justice et la vérité d'où découlent toutes les lois de la société civile, et, comme l'eau prend la couleur et le goût des diverses couches de terrain à travers lesquelles elle coule, de même les lois civiles diffèrent avec les pays et avec les gouvernements, quoiqu'elles aient toutes une source commune.

Les légistes font dériver la loi du *verbo ligando*, parce qu'elle lie et oblige, et d'autres la font dériver du *verbo éligendo*, parce qu'elle apprend et montre le choix que nous devons faire dans nos actions.

Elle est définie par saint Augustin, l. 2, quest. 90, a. 4 : « Ordinatio rationis, ad bonum commune, ab eo qui curam communitatis habet, condita et promulgata ». De là, on conclut que la loi est une règle promulguée par qui de droit et qui a la force d'obliger.

Les jurisconsultes parlant de la loi civile ou politique l'ont définie : « Expression matérielle et visible de la protection dont les hommes ont cru devoir s'entourer ».

Dans toute société, qu'elle se compose d'hommes ou de nations, chacun est libre de faire tout ce qui est bon et juste. Voilà la vraie liberté qui découle du droit naturel. Cette liberté de chacun est limitée par celle d'autrui. Voilà la vraie égalité. De là « naissance d'un rapport nécessaire et réciproque pour la fraternité de droit et d'obligation. »

M. de Martens (*Fondement du Droit International*, an 1882, p. 252), dit : « Existe un droit pour tout être de se conserver et d'exercer librement son activité, en un mot, droit de faire tout ce qui ne compromet en rien la liberté d'autrui ; obligation pour tout être de respecter le droit de son semblable, de s'arrêter là où l'exercice de ses propres facultés cesserait d'être inoffensif. »

A part le droit naturel, par la loi civile le droit à la vie, et le droit de propriété, tout cela serait dès lors subordonné à l'existence d'une loi humaine et contingente. La loi d'une Nation, d'un Etat, dans ses différentes manifestations, a pour objet de régler les rapports des citoyens du même pays entre eux, ou avec l'autorité placée à leur tête. La loi civile impose aux citoyens le respect de la Constitution, de la forme du Gouvernement, du chef de l'Etat, des autorités qui ont droit de faire les lois, et qui représentent la Nation : de là l'obligation des citoyens envers l'Etat, ou soit la manifestation du droit public. Mais par le droit privé, la même loi accorde des droits aux citoyens pris tant comme individus, que comme personne morale-civile.

Ces droits portés et reconnus par une loi précédente, publiée selon la forme prescrite par la constitution du pays, retenus et possédés par les citoyens comme un domaine leur appartenant, « tels que les droits de personne civile pour les corps moraux reconnus ; et de la propriété de leurs biens, ainsi que des œuvres d'esprit, d'invention, le droit résultant des contrats de mariages célébrés, des actes de naturalisation et de transmission entre-vifs ou par testament » se nomment *Droits acquis.*

Avec cette différence que les droits purement personnels acquis par les individus cessent à leur mort, et les droits acquis par les personnes morales-civiles, celles-ci étant perpétuelles. leurs droits sont impérissables.

Or, on se demande si une loi postérieure contraire à l'établissement de ces droits acquis par des sujets sardes devenus citoyens français : Cette loi postérieure a-t-elle la force de les abroger sans laisser de trace de leur existence antérieure ? Cette question est traitée plus loin, page   .

Cet état de choses contrarie peut-être l'état de la République française, mais nous répondons que l'Etat qui a présidé à l'annexion l'a su, voulu et accepté et que selon l'adage : *Scienti et volenti nulla fit injuria*, les possesseurs de ces droits acquis, par conséquent, ne font aucune injure au Gouvernement actuel en les réclamant pour les retenir.

Car l'Etat français, pendant les pourparlers, avait tiraillé sur le mode d'annexion ; mais le roi de Sardaigne a tenu bon et il a voulu que les Savoyards et les Niçois se prononcent par le suffrage universel sur leur sort. Ces derniers se sont donnés à la France et ils y sont rentrés avec les droits qu'ils possédaient. Ensuite les stipulations diplomatiques secondant les vœux des annexés ont confirmé ces droits, qui acceptés par la France, sont devenus des droits reconnus par la loi française.

Droit de Souveraineté de l'Etat

Chaque Etat est maître de son territoire et il est jaloux de l'intervention d'une autorité étrangère sur son domaine, et à bon droit il la repousse. C'est ce qu'on exprime en disant que l'attribut essentiel de l'Etat souverain est l'indépendance; et Franck-Brentano et Sorel (p. 26), ajoutent : « La souveraineté des Etats est un principe essentiel du droit des gens. »

En vertu de ce principe admis en général pour tout Etat, la République Française (gouvernement d'ailleurs légalement établi), succédant aux droits et aux obligations de l'Empire, retient ce droit de souveraineté universelle illimitée, indépendante à l'encontre de son ancien territoire, mais elle ne peut le réclamer dans toute son extension sur les territoires annexés; car s'il en était différemment les droits acquis seraient légalement méconnus et supprimés. Et à ce point de vue on pourrait se demander si la France après l'annexion de 1860 a le droit de méconnaître et d'abroger les droits acquis par les Savoyards et les Niçois, sous l'empire des lois sardes, devenus citoyens français. — Nous répondons en général que la France en vertu de la haute souveraineté qu'elle a acquise sur la Savoie et l'arrondissement de Nice, aurait pu abroger toutes les lois sardes à partir de 1860, pour en retenir, à l'encontre de ces territoires annexés, la souveraineté illimitée et indépendante. Ce droit n'a pas été exercé en temps utile, puisqu'aucun décret n'a été édicté par l'Empereur Napoléon III avant le 1er janvier 1861, temps fixé par le Sénatus-consulte du 12 juin 1860, ayant force de loi pour abroger les lois sardes ; d'autre part le délai déterminé par le même Sénatus-consulte, étant périmé, la République ne pourrait légalement les abroger à l'avenir.

Par contre, le décret de Napoléon III, en date du 12 juin 1860 porte la publication du code civil français. Ce code à l'article 2 établit que « La loi ne dispose que pour l'avenir; elle n'a point d'effet rétroactif... » Pourquoi n'a-t-on pas abrogé les lois sardes ? c'est pour cause. Parce que cette souveraineté a été même limitée par l'Empire Français, par l'accord des volontés intervenu en forme solennelle entre l'empereur Napoléon III et le roi de Sardaigne Victor-Emmanuel II, rapport aux droits acquis par *les personnes civiles*, dans les stipulations du traité diplomatique en date du 24 mars 1860.

De plus, le consentement à cette limitation de souveraineté, rapport aux deux provinces annexées a été donné plus explicitement dans la Convention internationale du 23 août 1860, ratifiée selon le droit constitutionnel de chaque Etat, et promulgué à Nice et en Savoie par décret impérial du 21 novembre 1860.

M. André Weiss (droit international), après l'affirmation de tous les auteurs qui ont traité de l'annexion d'un pays à un autre, a reconnu cette règle fondamentale des droits acquis (voir page   du présent) et il affirme que le respect de la conservation des droits acquis, comporte pour la puissance cessionnaire la limitation de la souveraineté sur les territoires annexés.

Le chef de la souveraineté de l'Etat en 1860, sciemment et volontairement y a adhéré, nous y joignons le dire de Tribonien, présidant la révision des lois, sous l'empereur Justinien, dans les novelles, qui a laissé écrits ces mots : *Regibus non est mentiri*, la royauté doit observer tout ce qu'elle a promis.

Par conséquent, on est en droit de conclure que la limitation de souveraineté à l'égard des droits acquis par la Savoie et le Comté de Nice, provinces annexées, établie par contrat synallagmatique signé par les délégués représentant la France, et publié en temps déterminé, constitue, et est une loi française, incontestée et incontestable.

Nous avons recherché jusqu'ici quels étaient, à la veille de l'annexion de 1860, les *Droits juridiques* d'existence civile des établissements religieux, publics et privés, et ceux de la propriété des biens à eux attribués. D'après les lois sardes, les Collèges, les Chapitres et tous les corps moraux existant dans la Savoie et le Comté de Nice étaient considérés comme personnes civiles, capables de posséder.

Nonobstant ces droits acquis, si l'on en croit l'*Avis du Conseil d'Etat* du 10 janvier 1900, et la lettre de M. le Directeur des Cultes qui s'y rattache, par la promulgation des lois françaises en Savoie et à Nice, par le fait de l'annexion, le Chapitre cathédral de Nice aurait d'un jour à l'autre perdu son autonomie, son existence juridico-civile, ainsi que le droit à toutes ses propriétés.

Ce résultat doit avoir une base juridique, on ne peut la trouver que dans l'application des principes généraux, ou bien dans une disposition spéciale des lois, ou des traités, ou bien dans quelque règle supérieure de l'ordre public français.

Les Principes

Faut-il d'abord, d'un seul mot, caractériser l'annexion entendue d'après les idées du jour ?

L'annexion, est une révolution : révolution pacifique si on veut, consentie par les intéressés, mais c'est toujours une révolution. En effet, quelle perturbation elle apporte dans les intérêts publics et privés ! Nous nous proposons d'apprécier certaines mesures qu'on nous représente comme étant les conséquences de l'annexion ; préalablement, il était nécessaire d'envisager l'opération elle-même prise dans son ensemble.

Ce n'est pas la première fois que le territoire continental de la France s'agrandit; mais c'est peut-être pour la première fois qu'on voit par suite d'un traité entre deux souverains alliés et unis, confirmé par un plébiscite spontané et presque unanime des Savoyards et Niçois, sans aucun fait de guerre, ces deux peuples perdre à l'instant leurs lois et leurs institutions.

Qu'on consulte l'histoire, et l'on reconnaîtra que depuis les temps les plus reculés, dans tous les traités internationaux, le maintien des lois pour les faits accomplis sous l'empire de ces lois, les coutumes, privilèges et franchises dans les pays conquis ou cédés, est pour les droits acquis un point consacré d'avance, toujours sous-entendu et inviolablement observé.

Le Gouvernement impérial, en 1860, a senti qu'il entreprenait une œuvre très difficile, et il a fait tout ce qu'il a pu pour aplanir les difficultés de la transaction.

Quand il s'est agi de recevoir, il a soumis les nouveaux contribuables aux tarifs les plus abaissés. Lorsqu'il s'est agi de donner il a ouvert les caisses du trésor par des subventions généreuses à Nice et à la Savoie. Il a suivi pas à pas la marche tracée par le Sénat conservateur; le grand principe, savoir que les lois n'obligent qu'autant qu'elles sont publiées et mises en vigueur, a été scrupuleusement appliqué dans le temps déterminé, et, toutefois certaines dispositions faites en conséquence des lois sardes sont maintenues, les droits des tiers proclamés et sauvegardés. Cela établi, la doctrine pose comme principe que toute annexion a, par elle-même, un double effet : elle fait passer le territoire annexé d'une souveraineté sous une autre, et elle change la nationalité des habitants.

Que pour devenir obligatoire dans le pays annexé, les lois du peuple annexant doivent être promulguées, et c'est ce qui a été fait par les nombreux décrets en 1860, en exécution du Sénatus-consulte du 12 juin de la même année. Le Code civil notamment a été promulgué par le décret du 22 août, et le Code civil contient un article 2 ainsi conçu :

Article 2. — *La loi ne dispose que pour l'avenir; elle n'a pas d'effet rétroactif.*

Que c'est du reste, l'application d'une règle de sens commun : la loi règle les faits juridiques qui se passent quand elle existe; la loi nouvelle règle les faits nouveaux; mais les faits anciens sont réglés par la loi ancienne. Sans doute l'article 2 n'est pas constitutionnel; le législateur peut y déroger, comme par exemple si la loi nouvelle portait la promulgation d'une loi ancienne nouvellement mise en vigueur, ou si elle était conçue en ces termes elle aura force rétroactive à partir de telle époque, autrement dans le silence de la loi, cet article 2 demeure la règle du magistrat.

D'autre part, il s'agit d'une question de propriété. Cette question est celle-ci : quel est aujourd'hui le propriétaire d'un droit ou d'un immeuble ?

Tout le monde répondra, jurisconsulte ou homme de bon sens : à défaut de transmission conventionnelle, ou légale, c'est-à-dire à défaut de donation, d'héritage, ou de vente, et à défaut de loi, celui-là est propriétaire aujourd'hui qui était propriétaire hier. Les propriétaires, personnes morales, ou autres, ont donc conservé au lendemain de l'annexion, ou plus exactement au lendemain de la promulgation des lois françaises, les propriétés qu'ils avaient la veille. C'est du moins la solution dictée par les principes.

Tous les auteurs qui ont traité de l'annexion d'un pays à un autre ont reconnu cette règle fondamentale du respect des droits acquis. Ainsi Weiss, Droit international ; ainsi le Journal de Jurisprudence internationale de Clunet.

« Le traité de cession, disent MM. *Funck-Brentano* et *Sorel* doit « garantir les droits acquis des particuliers *et des personnes civiles* en « tant qu'ils ne sont pas incompatibles avec la législation de l'Etat « cessionnaire, et dans ce cas, le traité stipule des mesures transitoires. » (Droits des gens, appendice, p. 305.) Ainsi pensent tous les jurisconsultes, Pascal Fiore : le Droit international codifié (art. 941, § 2) — Pradier Fodéré : traité du Droit international public (n° 858 — Selosse : de l'Annexion (p. 353 et s.) — Gabouat : de l'Annexion de territoire (p. 219) — Dudeley-Field : projet d'un Code international (art. 941, § 2) — Félix et Demangeat : Droit international privé (t. IL, p. 106) — Brunet : conséquences juridiques de l'Annexion de la Savoie (p. 172) et Sirey : Lois, Année 1860 (p. 93), écrit, le Garde des Sceaux qui présidait à la promulgation des lois en Savoie et à Nice, disait avec raison, dans le rapport qui a précédé le décret du 22 août 1860. « Il est juste qu'en « rapprochant l'application des lois françaises, on prenne des précautions « convenables pour préserver de toute atteinte les actes auxquels a « présidé la législation qui s'éteint ; pour empêcher que les familles ne « soient troublées, il faut qu'une sanction formelle soit donnée aux « droits acquis. »

II

De fait, plusieurs décrets ont, à l'occasion de l'annexion de la Savoie et de Nice à la France, appliqué à des questions spéciales le principe de la non-rétroactivité des lois : décrets du 2 juillet 1860, article 2, sur la presse ; du 13 juin 1860, sur les monopoles ; du 22 août 1860, articles 2, 4 et 5, sur les donations et les testaments ; convention internationale du 23 août 1860, publiée le 21 novembre 1860 destinée à régler les diverses questions auxquelles donne lieu la réunion de la Savoie et de Nice à la France, porte, article 5 : la *France succède aux droits et obligations des contrats régulièrement stipulés par la Sardaigne, pour des objets d'intérêts publics concernant spécialement* là *Savoie et l'arrondissement de Nice.* — Article 7 : *les Collèges et tous les autres établissements publics* existant dans la Savoie et l'arrondissement de Nice, et constitués d'après les lois sardes en personnes civiles pouvant acquérir et posséder, conservent la propriété de tous leurs biens, meubles et immeubles, et les sommes existantes dans leurs caisses au 14 juin 1860, les subventions annuelles, ou les bourses dont ils jouissaient aux frais de l'Etat, cesseront à la même date d'être à la charge du Gouvernement de Sardaigne.

Sur les charges financières : décrets du 17 novembre 1860, sur les établissements insalubres ; du 16 novembre 1860, sur les pensions civiles et militaires ; du 24 octobre 1860, sur les diplômes ; du 1er au 15 décembre 1860, sur l'ordre des avocats.

Mais ces dispositions particulières sur des points touchant plus ou moins à l'ordre public ne faisaient que confirmer le principe de l'article 2 du Code civil qui sert de règle primordiale en cas d'annexion pour la défense des droits acquis et avant tout autre du droit de propriété.

N'est-il pas même dit, en termes bien nets, dans l'article 5 du Protocole du 27 juin 1860, dressé pour la délimitation entre la France et les Etats sardes : « Il est entendu que la fixation de la ligne de « souveraineté ne portera aucune atteinte *aux droits de propriété et* « *d'usage,* non plus qu'aux servitudes actives et passives des parti- « culiers, des communes et *des établissements publics ?* »

III

Les Textes législatifs

Quelles seraient les lois françaises promulguées en Savoie et à Nice en 1860 qui auraient abrogé et dérogé au droit de personne civile dont le Chapitre de Nice était en possession en vertu des lois sardes ?

L'avis du Conseil d'Etat du 10 janvier 1900, vise :

1° le décret de la Convention du 26 messidor an IX, article 11 ;

2° La loi du 18 germinal an X, à l'article 35 ;

3° Le traité de Turin du 24 mars 1860, promulgué par décret du 11 juin suivant ;

4° Le Sénatus-consulte du 12 juin 1860;

5° La convention internationale du 23 août 1860, promulguée par décret du 21 novembre suivant ;

6° Le décret, 16 août 1860, réunissant le diocèse de Nice à Aix ;

7° Le décret, 27 mai 1864, approuvant les statuts du Chapitre, présentés par l'évêque du diocèse.

Il faut consulter successivement ces documents législatifs. Pour ce qui concerne les numéros 1 et 2, le décret de la Convention du 26 messidor an IX, article 11 et la loi du 18 germinal an X, article 35, édictés en France avant l'an 1814 n'ont plus force de loi et ne

peuvent plus être appliqués et promulgués dans les territoires de
la Savoie et de Nice cédés au roi de Sardaigne par le traité de Paris
à la date du 30 avril 1814, attendu que dans ce traité n'ayant pas
stipulé que toutes les lois françaises auraient continué d'avoir leur
empire sur les sujets annexés au Piémont ; attendu que faute de cette
clause, et dans le silence d'un droit réservé à la France à cet égard,
Sa Majesté le Roi a pu abroger toutes les lois de la Révolution et toutes
autres existant en France jusqu'au 21 mai 1814.

Le roi Victor-Emmanuel 1er, dès qu'il reprit la possession de ses
Etats, exerçant la plénitude de sa souveraineté royale, dans la préface
de son édit du 21 mai 1814, déclare qu'il entend annuler le système
politico-civil de la Révolution et établir le système politico-économique
jadis en vigueur dans les Etats royaux de Sardaigne. Cet édit enregistré au Sénat de Nice, le 1er juin 1814 et tout aussitôt publié, porte
les dispositions suivantes :

« Nous voulons qu'à dater de la publication du présent Edit,
« les lois actuellement existantes cessent d'être observées, et nous
« remettons en vigueur les Constitutions générales de 1770, édits, et
« autres dispositions de nos royaux prédécesseurs jusqu'à l'époque du
« 21 septembre 1792 ». Par l'édit du 28 octobre 1814, en ce qui concerne
spécialement les biens ecclésiastiques non vendus à titre onéreux ;
par billet royal du 27 juin 1715, le Roi a réintégré le Chapitre de Nice
dans ses droits, sans qu'il ait été nécessaire de le constater par aucun
autre acte, et il s'empressa d'anéantir dans la mesure du possible, les
effets des lois françaises dans *ces deux provinces*, et depuis 1860 aucun
décret-loi n'ayant fait revivre ni la Convention du 26 messidor an IX,
ni la loi du 18 germinal an X, ces lois sont éteintes et de nulle valeur
à Nice et tout acte du Gouvernement ou du Conseil d'Etat basé sur la
Convention du 26 messidor an IX et basé sur les articles organiques
de la loi du 18 germinal an X, peut être déféré au Sénat comme inconstitutionnel. Donc, sans fondement, le Conseil d'Etat s'appuie sur le
décret de la Convention du 26 messidor an IX et sur la loi du 18 germinal an X, abrogés, comme on vient de le prouver, pour déclarer que le
Chapitre cathédral de Nice n'a pas l'existence légale.

§ IV

Traité de Turin, 24 mars 1860, promulgué par Décret du 11 juin 1860 et mis en exécution le 14 juin de la même année.

Au nom de la Très Sainte et indivisible Trinité, Sa Majesté
l'Empereur des Français ayant exposé les considérations qui, par suite
des changements survenus dans les rapports territoriaux entre la
Sardaigne et la France, lui fesait désirer la réunion de la Savoie et de
l'arrondissement de Nice (circondario di Nizza) à la France, et Sa
Majesté le Roi de Sardaigne s'étant montré disposé à y acquiescer, Leurs

dites Majestés ont décidé de conclure un traité à cet effet, et ont nommé pour leurs plénipotentiaires, savoir : Sa Majesté le Roi de Sardaigne ; 1° Son Excellence le Comte Camille Benso de Cavour, président du Conseil et ministre des Affaires étrangères ; 2° le chevalier Charles-Louis Farini et Sa Majesté l'Empereur des Français ; 1° M. le baron Talleyrand-Périgord, commandeur de l'ordre impérial de la Légion d'honneur ; 2° M. le chevalier Vincent Benedetti, lesquels, en date du 24 mars 1860 ont conclu le traité entre la Sardaigne et la France relatif à la réunion de la Savoie et de l'arrondissement de Nice, par les articles suivants :

I. — Sa Majesté le Roi de Sardaigne consent à la réunion de la Savoie et de l'arrondissement de Nice à la France, et renonce pour lui et tous ses descendants et successeurs en faveur de Sa Majesté l'Empereur des Français, à ses droits et titres sur lesdits territoires. Il est entendu entre leurs deux Majestés que cette réunion sera effectuée sans nulle contrainte de la volonté des populations, et que le Gouvernement du roi de Sardaigne et le Gouvernement de l'Empereur des Français se concerteront le plus tôt possible sur les meilleurs moyens d'apprécier et de constater les manifestations de cette volonté.

II. — Il est également entendu que Sa Majesté le Roi de Sardaigne ne peut transférer les parties neutralisées de la Savoie, qu'aux conditions auxquelles il les possède lui-même, et qu'il appartiendra à Sa Majesté l'Empereur des Français de s'entendre, à ce sujet, tant avec les puissances représentées au Congrès de Vienne, qu'avec la Confédération Helvétique et de leur donner les garanties qui résultent des stipulations rappelées dans le présent article.

III. — Une commission mixte déterminera dans un esprit d'équité les frontières des deux Etats, en tenant compte de la configuration des montagnes, et de la nécessité de la défense.

IV. — Une ou plusieurs commissions mixtes seront chargées d'examiner et de résoudre dans un bref délai les diverses questions incidentes auxquelles donnera lieu la réunion, telle que la fixation de la part contributive de la Savoie et de l'arrondissement de Nice, dans la dette publique de la Sardaigne, et l'exécution des obligations résultant des contrats passés avec le Gouvernement sarde, lequel se réserve toutefois de déterminer lui-même les travaux entrepris pour le percement de tunnel des Alpes (mont Cenis).

V. — Le Gouvernement français tiendra compte aux fonctionnaires de l'ordre civil et aux militaires appartenant par leur naissance à la province de Savoie et à l'arrondissement de Nice et qui deviendront sujets français, *des droits qui leur sont acquis* par les services rendus au Gouvernement sarde, ils jouiront notamment du bénéfice résultant de l'inamovibilité pour la magistrature, et des garanties assurées à l'armée.

VI. — Les sujets sardes, originaires de la Savoie et de l'arrondissement de Nice ou domiciliés actuellement dans ces provinces qui entendront conserver la nationalité sarde, jouiront pendant l'espace d'un an, à partir de l'échange des ratifications, et moyennant une déclaration préalable faite à l'autorité compétente, de la faculté de transporter leur domicile en Italie, et de s'y fixer ; auquel cas la qualité de citoyen sarde leur sera maintenue. Ils seront libres de conserver leurs immeubles situés sur les territoires réunis à la France.

VII. — Pour la Sardaigne, le présent traité sera exécutoire aussitôt que la sanction législative nécessaire aura été donnée par le Parlement.

VIII. — Le présent traité sera ratifié et les ratifications seront échangées à Turin dans le délai de dix jours, ou plus tôt si faire se peut.

En foi de quoi, les plénipotentiaires respectifs l'ont signé et y ont apposé le cachet de leurs armes.

Fait en double expédition à Turin, le 24ᵉ jour du mois de mars de l'an de grâce 1860.

(L. S.) C. CAVOUR.   (L. S.) TAILLERAND.

(L. S.) FARINI.   (L. S.) V. BENEDETTI.

Ratifié à Paris, le 29 mars 1860. L'échange des ratifications a eu lieu à Turin, le 30 mars 1860. La promulgation a eu lieu le 11 juin 1860, après l'approbation du Parlement national italien.

Dans le texte qui précède on remarque que M. de Cavour, avocat approfondi, homme d'Etat remarquable, a su prévenir les difficultés nombreuses qu'entraîne le changement de souveraineté. Il a pourvu au passé ; il a conservé les droits acquis aux annexés; il en a ménagé les habitudes et les espérances en même temps ; il a assuré le respect de l'ordre public nouveau, et il a facilité l'assimilation complète et rapide des citoyens qui par leur vote devaient se réunir eux-mêmes à la France. Les représentants des Etats Sardes, pour sauvegarder les intérêts des annexés, se sont contentés de poser dans l'article 5 le principe des droits acquis pour les personnes civiles appuyés sur la loyauté et la bonne foi de la France.

Car, cette dernière, eu égard à la qualité des puissances contractantes par le traité signé à Utrecht, le 11 avril 1713, entre Sa Majesté Très Chrétienne et les provinces unies des Pays-Bas, — ne s'est pas contentée de poser dans un article le principe des droits acquis, mais elle a jugé d'en faire stipulation expresse dans l'article 25, ainsi conçu :

« Ou est, de plus, convenu que les communes et les habitants de toutes les places, villes et pays que Sa Majesté Très Chrétienne cède par le présent traité, seront maintenus dans la libre jouissance de tous leurs privilèges, prérogatives, coutumes, exemptions, droits, octrois, communs et particuliers, charges et offices héréditaires, avec les mêmes honneurs, rangs, gages, émoluments et exemptions, ainsi qu'ils en ont joui sous la domination de ladite Majesté Très Chrétienne.

C'était, en 1860, œuvre facile. Jamais annexion ne fut plus légitime, plus librement consentie par les souverains, plus joyeusement acclamée par les peuples.

L'annexion de 1860 a étonné l'Europe entière, et les puissances, nonobstant les clauses du traité de Vienne 1814, n'ont présenté aucune observation ni fait aucune opposition.

Les citoyens savoyards et niçois appuyés sur la loyauté et la bonne foi de la nation française, se sont donnés librement à elle, assurés, d'autre part, que dans le sein de la nouvelle Patrie ils auraient conservé les droits et privilèges qu'ils retenaient de la part de la loi sarde et que la loi nouvelle ne leur aurait jamais ravis.

Lorsque tout le monde est d'accord, il est aisé de s'entendre, et les traités ont réglé sans peine et soin la plupart des questions transitoires. Faut-il ajouter que les traités sont la loi de l'annexion et qu'ils ont un double titre au respect de tous, leur caractère de loi française et leur caractère de loi internationale?

Le traité du 24 mars 1860 promulgué par décret du 11 juin suivant, ne tranche, à vrai dire, que deux points : la cession de territoire par les articles 1, 2 et 3, et le changement de nationalité par l'article 6. L'article 5 réserve hautement pour les *personnes* le *respect des droits acquis* et enfin l'article 4 renvoie à une commission mixte le règlement de toutes les questions incidentes auxquelles donnera lieu la réunion. — Or si le Conseil d'Etat avait lu et pondéré — le traité d'annexion et s'il avait bien considéré la portée du sens de l'article 5, il y aurait découvert une base, un principe de droit bien différent et opposé à l'avis qu'il a donné le 10 janvier 1900 contre l'existence légale du Chapitre de Nice, jadis reconnu comme *personne civile* par les lois sardes, et il aurait prôné au contraire le respect de ce droit acquis comme les a reconnus la Cour de cassation française par les motifs d'un arrêt, Chambre civile du 16 juillet 1899. (Voir page   , du présent, quatrième partie, titre II.)

§ 5

Les Sénatus-Consulte du 12 juin 1860

Avant le vote du Sénat, M. le président Troplong donna lecture du rapport de la commission chargée d'examiner le projet. Nous en reproduisons quelques passages :

« Messieurs, le projet de Sénatus-Consulte soumis à vos délibérations n'est pas de ceux dont on discute le principe, il est de ceux que l'on vote avec transport. La France, en effet, s'accroît d'une population brave, honnête, intelligente, qu'elle aime et dont elle est aimée. La France, libre de contracter avec ses voisins, a profité d'une circonstance, où l'équité faisait entendre sa voix, pour modifier les traités anciens par un traité particulier réciproquement volontaire et amical. C'est là l'usage du droit commun, ce n'est pas menace. Le sillon que la politique impériale trace dans l'histoire est celui de la justice et de la modération. Elle veut montrer qu'on peut être fort en restant l'ami de la bonne foi, du droit des gens et de la modération. Le délai indiqué pour la mise en vigueur de la constitution et des lois françaises, vous paraîtra nécessaire pour prévenir un changement trop brusque et pourvoir à un grand nombre d'actes préparatoires... Vous vous rappelez, Messieurs, la vive et générale adhésion qui a présidé au vote en faveur de l'annexion. L'entraînement était immense... Quand on compare ce vote avec celui de 92, on est frappé de la différence des temps.

« Alors l'esprit révolutionnaire bouillonnait. La discorde était « partout, les prêtres et les nobles, proscrits et fugitifs voyaient la « France avec effroi, et protestaient contre tout changement de domi- « nation. Aujourd'hui la Patrie est calme des deux côtés. Il n'y a ni « captation, ni violence, ni passions orageuses qui la trompent, la « précipitent et la divisent. Nos nouveaux concitoyens trouveront dans « le sein de la France une administration active et vigilante qui fécon- « dera leurs richesses. Leurs intérêts civils seront garantis par le droit « le plus équitable et par une organisation judiciaire que tous les « peuples nous envient. *Leur fidélité à la foi de leurs pères aura pour* « *appui un Gouvernement qui aime la religion pour elle-même, et* « *qui la protège par conviction et non par calcul.* Nos nouveaux « concitoyens *seront donc contents de nous*; car l'autorité française « leur semblera douce et la liberté exempte des gênes non justifiées.

« De notre côté nous les embrasserons en frères, et à notre tour « nous serons contents d'eux, etc., etc. »

Si le Gouvernement actuel mettait en pratique les nobles et belles promesses d'alors, le Chapitre de Nice ne se verrait pas troublé dans son autonomie.

Voici le texte du Sénatus-consulte du 12 juin 1860, rendu exécutoire par décret impérial du même jour :

Art. 1. — La Savoie et l'arrondissement de Nice font partie intégrante de l'Empire français, la Constitution et les lois françaises y deviendront exécutoires à partir du premier janvier 1861.

Art. 2. — La répartition des territoires réunis à la France en ressorts des Cours impériales et en départements sera établie par une loi.

Art. 3. — Les diverses mesures relatives à l'assiette des lignes de douanes et toutes dispositions nécessaires pour l'introduction du régime français dans ces territoires, pourront être réglées par décrets impériaux rendus avant le 1er janvier 1861. Ces décrets auront force de loi.

Le Sénatus-consulte donc se borne à déclarer que la Savoie et l'arrondissement de Nice font partie intégrante de l'Empire français.

Il ajoute que la Constitution et les lois françaises y deviendront exécutoires à partir du 1ᵉʳ janvier 1861. Il rend aussi hommage au principe rappelé plus haut (troisième partie, paragraphe 1, page 18) que les lois du pays annexant doivent être promulguées dans le pays annexé pour y devenir obligatoires. Enfin, le Sénatus-Consulte, dans son article 3, décide que toutes les dispositions nécessaires à l'introduction du régime français dans les pays annexés pourront être réglées par décrets impériaux ayant force de loi, avant le 1ᵉʳ janvier 1861, époque qui fixe légalement à la souveraineté de l'Empire français la limitation du droit de publication des décrets portant application des lois françaises, pour devenir exécutoires dans les territoires annexés.

Aucun des décrets publiés ensuite par Sa Majesté Napoléon III jusques et y compris le 1ᵉʳ janvier 1861 ne contient la décision formelle de l'abrogation des droits des *personnes civiles* reconnues par l'ancien Etat sarde cédant.

On pourrait se demander si l'Empire français aurait pu déroger et abroger les lois sardes vis-à-vis des sujets de la Savoie et de Nice devenus Français en 1860. On répond affirmativement. Car le législateur français, en vertu de la haute souveraineté dont était investi l'Empire français, sur les territoires de la Savoie et de Nice par le traité de Turin, en date du 24 mars 1860, époque de leur réunion à la France, par le Sénatus-Consulte aurait pu édicter une loi qui abroge et détruit les effets de toutes les lois sardes en vigueur dans la Savoie et à Nice depuis 1814 jusqu'en 1860, époque de leur réunion à la France, comme fit l'ancien roi Victor-Emmanuel 1ᵉʳ en rentrant en possession de ses Etats par l'édit du 21 mai 1814.

Mais cette loi n'a été édictée ni par le Sénatus-Consulte du 12 juin 1860 ni par décret impérial successif avant le 1ᵉʳ janvier 1861 (et pour cause).

Attendu que le roi Victor-Emmanuel II, en prévoyance que l'Etat français cessionnaire des territoires de la Savoie et de Nice, en vertu de sa haute souveraineté, aurait pu par une loi postérieure à l'annexion, abroger toutes les lois sardes jusqu'alors en vigueur dans les susdits territoires et, par une telle loi, porter atteinte aux droits des personnes, dans le traité du 24 mars 1860, a imposé à la France contractante pour condition, clause fondamentale du traité, l'article 5 qui inculque *pour les personnes le respect des droits acquis.*

Or, il est évident que d'après la portée du sens de l'article 5 du traité d'annexion, aucune loi portant atteinte aux personnes dans leurs droits acquis ne pouvait valablement être édictée en France. C'est pourquoi une telle loi n'a pas été édictée sous l'Empire avant le 1ᵉʳ janvier 1861. Et la République qui a succédé à l'Empire ne peut légiférer sur la matière, soit en vertu de l'article 5 du traité d'annexion, soit en vertu de l'article 3 du Sénatus-Consulte.

3.

§ VI

La Convention internationale du 23 août 1860
promulguée par décret du 21 novembre suivant.

En vertu de l'article 4 du traité du 24 mars 1860, le règlement de toutes les questions incidentes auxquelles donnera lieu la réunion, est renvoyé à une commission mixte. La rédaction de cette commission mixte est devenue la convention diplomatique du 23 août 1860 promulguée en France par le décret-loi du 21 novembre suivant porte :

Art. 5. — *La France succède aux droits et obligations des contrats régulièrement stipulés par la Sardaigne, pour des objets d'intérêts publics concernant la Savoie st l'arrondissement de Nice.*

Art. 7. — *Les collèges et tous autres établissements publics existants dans la Savoie et l'arrondissement de Nice, et constitués d'après les lois sardes, en personnes civiles pouvant acquérir et posséder, conservent la propriété de tous leurs biens, meubles et immeubles, et les sommes existantes dans leurs caisses au 14 juin 1860, les subventions annuelles ou les bourses dont ils jouissaient aux frais de l'Etat, cesseront à la même date d'être à la charge du gouvernement de Sardaigne.*

La convention internationale du 23 août 1860 ratifiée par le Gouvernement français et celui de Sardaigne, si elle avait été soumise à l'examen de la diplomatie ou à un congrès international, ou tout simplement et directement au ministre des Affaires étrangères en France, dont l'application et l'étude principale est de connaître les règles et la pragmatique des traités et stipulations diplomatiques, tous ces messieurs lettrés et consommés, approfondis en science et doctrine du droit diplomatique international, y auraient relevé et reconnu une vraie loi française obligeant l'Etat cessionnaire à respecter, selon l'esprit et le sens de l'article 5, tous les concordats intervenus entre le Saint-Siège Apostolique et le roi de Sardaigne, et notamment celui du 14 mai 1828, contrat régulièrement contracté pour des intérêts publics, concernant spécialement la Savoie et Nice, territoires compris dans les Etats sardes : l'article 5 portant que la France succède aux droits et obligations des contrats, etc., etc.

Selon la portée de l'article 3, cet article ne vise pas les établissements ecclésiastiques, il vise uniquement les biens d'une personne civile déterminée, *la Caisse Ecclésiastique* créée par la loi sarde du 29 mai 1855 et il les attribue sous certaines charges à l'Etat français.

La loi du 29 mai 1855 avait supprimé un certain nombre d'ordres religieux et elle avait attribué leurs biens à un nouvel établissement public, distinct des finances de l'Etat (article 4 de la loi) qu'elle créait et auquel elle donnait le nom de Caisse Ecclésiastique.

Cet établissement avait son administration, son patrimoine et ses charges, mais il n'avait aucun rapport avec les Chapitres et les Cures. Cette personne civile n'avait pas d'analogie en France. Elle allait disparaître. Il était juste que ses biens fissent retour à l'Etat cessionnaire; mais on ne pouvait traiter de même les établissements reconnus par la loi française, aussi bien que par le droit sarde.

Les jurisconsultes en droit international, selon la portée de l'article 7, y auraient déduit que la loi tranche nettement la question de personne juridico-civile du Chapitre cathédral de Nice; puisqu'il s'applique à tous les établissements publics existant en Savoie et dans le Comté de Nice, à la condition qu'ils soient constitués en personnes civiles, d'après la loi sarde. Que la Chapitre de Nice ait cette prérogative et qualité de personne civile, se déduit : du billet royal du 27 juin 1815 qui a réintégré le Chapitre de Nice dans ses anciens droits; et ensuite du code Albertin, articles 1, 2, 25, 418, 433, 436 sus relatés, pages 15 et 16, et du concordat du 14 mai 1828.

Il est arbitraire de restreindre le texte de l'article 7 de la Convention internationale, aux établissements publics jouissant de subventions ou de bourses de l'Etat. Le texte est absolument général et il s'applique également aux Chapitres, Menses Episcopales, Paroisses, Cures, Fabriques, Hospices, Monastères et Couvents, etc., en disant *tous autres établissements publics existant dans la Savoie et l'arrondissement de Nice*, et sous prétexte d'interprétation il n'est pas permis de le refaire.

On peut même affirmer que le mot *établissement public* n'a pas ici le sens juridique du mot que lui attribue la législation française — il désigne toutes les personnes civiles, aucune n'est morte et n'a été dissoute par le fait de l'annexion. — L'article 7 de la Convention internationale explique quelles sont ces personnes civiles qui jouissent de ce droit, constituées comme telles d'après les lois sardes, et proclame pour ces personnes le respect de la propriété de leurs biens.

La disposition de l'article 7 est claire et précise aussi; elle a pour objet et pour effet d'assurer aux collèges et aux établissements publics reconnus la propriété de leurs biens et le bénéfice de la reconnaissance légale en France, que le Gouvernement sarde leur avait accordés (Mémoire de M. le Directeur de l'Enregistrement, signé, Cappatti, en date du 24 juin 1896, au Tribunal civil de Nice.)

Or, le Chapitre de Nice, étant un établissement public reconnu d'après la loi sarde en personne civile, selon l'objet et l'effet de l'article 7, bénéficie aussi de la reconnaissance légale en France.

Les communes ont survécu à l'annexion en qualité de personnes civiles, et avec leur patrimoine. — De même, les divers hospices, celui de la Charité, avenue de la Gare; celui des Cessolines, rue de la Providence; l'Hôpital Civil, place Defly. — De même encore, l'Hôpital de la Croix, rue de la République; l'Œuvre de la Bienfaisance, place de la Préfecture, et toutes les Sociétés de secours mutuels existant en Savoie et à Nice, et jouissant de la personnalité civile.

Toutes les personnes morales, dont la constitution et l'objet principal sont d'assurer la perpétuité de l'œuvre pour laquelle elles sont fondées, et existant sous le Gouvernement sarde, ont continué à subsister, sans autorisation nouvelle, et elles ont conservé leurs biens précisément en vertu de l'article 7, la seule disposition législative qui ait visé cette situation pour affirmer du reste, une fois de plus, le grand principe des droits acquis et de la non-rétroactivité des lois.

Or, le Chapitre jouissant régulièrement de la personnalité civile, d'après la loi sarde, il en jouit encore d'après la loi française. Il rentre même, d'après le droit français, dans la catégorie des véritables *établissements publics*, c'est-à-dire des personnes civiles, ayant *une existence distincte, et des ressources propres créées pour la gestion d'un service public.*

On est donc en droit de conclure que l'article 7 vise le Chapitre de Nice, aussi bien que les autres établissements publics. S'il en est ainsi, quel droit lui confère cet article? Le droit de conserver la propriété de *tous ses biens, meubles et immeubles.*

La loi dit *tous les biens.* Donc, les biens immatriculés au nom du Chapitre de Nice lui appartiennent ainsi que la cartelle inscrite sous le numéro 6,175, sur la dette publique sarde, au nom du Chapitre de la cathédrale de Nice, en francs 10,500 assignés par la Commission apostolique, par royal édit du 24 décembre 1819 et la maison sise à Nice, rue Colonna-d'Istria, 12, etc.

Que signifie maintenant cette observation de l'avis du Conseil d'Etat qu'on « prétend vainement justifier l'intervention des chanoines de « Nice dans la délibération du 2 mars 1899 en invoquant les stipulations « diplomatiques échangées au moment de la cession du Comté de Nice, « alors que ni le traité de Turin, 24 mars 1860, ni l'article 7 de la Conven- « tion du 23 août suivant qu'on rappelle, n'ont eu en vue les titulaires ou « les établissements ecclésiastiques. » Après la preuve pages 22 et 27, 28, 29, Traité d'annexion article 5, nous pouvons affirmer que cette observation est dénuée de fondement, et s'il était permis de dire qu'un corps qui doit se respecter comme celui du Conseil d'Etat, sans l'offenser, on pourrait dire qu'il n'est pire aveugle, que celui qui ne veut pas voir tout ce que les jurisconsultes y voient dans l'article 5 du traité, et les articles 5 et 7 de la Convention internationale.

A l'appui de la reconnaissance légale en France du Chapitre de Nice et des membres qui le composent nous citons le décret impérial du 13 juin 1860 qui porte tous les édifices religieux « tous les établisse- « ments ecclésiastiques existant aujourd'hui en Savoie et dans l'arron- « dissement de Nice, reconnus par l'Etat et consacrés au service » diocésain et paroissial, tous les ecclésiastiques légalement attachés à « ces établissements continueront jusqu'à ce qu'il y ait été pourvu autre- « ment à recevoir les subventions et traitements tels qu'ils ont été fixés « par Sa Majesté le Roi de Sardaigne et au moyen des ressources qu'il « avait déterminées. »

En vertu de ce décret il ressort que le Chapitre cathédral de Nice, ainsi que les chanoines qui le composent constituent un établissement reconnu par la loi. Cet établissement, d'autre part, est consacré au service diocésain et paroissial même; par conséquent, les ecclésiastiques qui y sont légalement attachés, aux termes du décret impérial ci-dessus mentionné sont maintenus dans leurs droit et traitement tels qu'ils les touchaient sous la loi sarde, au moyen des ressources affectées à leur bénéfice. L'engagement pris par le Gouvernement en suite du décret du 13 juin 1860, sur ce point, ne saurait être plus formel ni plus explicite.

§ VII

Le décret du 16 août 1862, réunissant l'Evêché de Nice à la Métropole d'Aix, et autorisant la réception et la publication en France de la Bulle donnée à Rome le 24 juillet 1861.

Négociations diplomatiques avec le Saint-Siège

Le Comté de Nice avait été annexé civilement à la France par la publication du Sénatus-consulte en date du 12 juin 1860 rendu exécutoire par décret impérial du même jour et le traité conclu à Turin 24 mars 1860 entre Sa Majesté le roi Victor-Emmanuel et l'empereur Napoléon III fut mis en exécution le 14 juin de la même année, mais pour l'annexion ecclésiastique il fallait ouvrir les négociations diplomatiques avec le Saint-Siège Apostolique, ce qui eut lieu selon la pragmatique suivante.

En effet, en 1860, dès que l'annexion de Nice et de la Savoie fut un fait accompli, l'empire avait sollicité du Saint-Siège Apostolique un acte formel portant l'extension du concordat de 1801 aux provinces annexées. En fait, le Saint-Siège accueillit la demande et à cet effet il adressa sous la date du 31 décembre 1860, à l'archevêque et aux évêques de la Savoie et de Nice, une Encyclique qui commença par ces mots : *Universi Dominici gregis* dont voici le résumé traduit : « Le pape Pie IX, vénérables frères salut et bénédiction apostolique. Le soin de toutes les ouailles du Seigneur qui nous a été confié par la grâce de Dieu et par Jésus-Christ lui-même exige que, attendu les vicissitudes des temps, nous prenions tel conseil qui semble plus propre à contribuer au salut des âmes et à l'administration des choses sacrées. Vous connaissez très bien, vénérables frères, comment les provinces de la Savoie et de Nice ont été annexées à l'Empire français, vous n'ignorez pas non plus avec quelles pressantes et réitérées prières le Sérénissime et très puissant empereur Napoléon III nous a demandé d'étendre à ces provinces la convention conclue par notre prédécesseur Pie VII avec le Gouvernement français, le 15 juillet 1801.

...Ayant apprécié toutes choses avec mûr examen, nous avons décidé de seconder le désir du même empereur. C'est pourquoi par les présentes, de notre autorité apostolique, nous voulons et ordonnons que la sus-mentionnée convention conclue par notre prédécesseur, de respectable mémoire, Pie VII avec le Gouvernement français, le 15 juillet 1801 et ratifié à Rome le 25 août, même année, par les lettres apostoliques données sous les sceaux de plomb, lesquelles commencent par ces mots : *Ecclesia Christi* nous l'étendons aux provinces de Savoie et de Nice annexées à l'Empire français et pour cela nous voulons et ordonnons que tout ce qui a été établi et sanctionné dans ladite convention soit soigneusement et de bonne foi observé et mis en pratique dans les mêmes Provinces, et nous déclarons que vous êtes libres de toutes obligations résultant des traités conclus par le Saint-Siège avec le roi de Sardaigne.

A partir de ce moment, surtout par votre sagesse, vous comprenez que désormais, pour le gouvernement diocésain, vous devez vous conformer à la règle tracée par la susdite convention de Pie VII, c'est pourquoi comme j'ai déjà tâché de faire déclarer à l'Impérial Gouver-nement français en ces provinces de la Savoie et de Nice de nouveau assujetties au même gouvernement, que ne pourront exister ni être en vigueur les *articles organiques* contre lesquels ce Saint-Siège a cons-tamment réclamé et protesté, ni la loi civile du *mariage*, ni toutes autres dispositions qui, en quelque manière que ce soit, seraient contraires à *la Doctrine et aux droits de l'Eglise.*

Tandis que vraiment et de bonne foi, nous espérons que le Gou-vernement impérial sera pour mettre en exécution dans ces provinces de nouveau assujeties à son gouvernement, les dispositions sanctionnées dans la susdite convention de Pie VII, ne permettra jamais que rien s'établisse qui soit contraire à *la doctrine de l'Eglise et à ses droits,* assurément nous n'avons aucun doute, vénérables frères, que par votre éminente religion, vertu et zèle épiscopal vous vous efforcerez de défendre exactement prudemment, activement et avec fermeté la *doctrine* et les droits de cette église.

Pour ce qui concerne les dispositions du traitement pour l'arche-vêché, les évêchés et le clergé, nous voulons que vous sachiez que le Sérénissime Empereur, nous a affirmé qu'il aurait alloué à ces sièges et au clergé non seulement une dot convenable, mais aussi il a promis à l'Eglise son plein et libre droit qui est en usage en France de retenir, d'acquérir et d'administrer ses biens et ses possessions.

Maintenant, nous désirons avec le plus grand soin, qu'à présent et pour les temps à venir tous sachent que nous n'avons pas été induits par aucun motif politique ou civil, mais par la coutume et par les principes de ce siège apostolique qui ont trait aux droits de l'Eglise et à l'utilité spirituelle de ses fidèles et à la direction du Gouvernement des choses sacrées, que nous avons établi que la sus-nommée convention de Pie VII soit observée et ait toute la vigueur dans les provinces de Savoie et de Nice.

Ainsi, voulant marcher sur les traces de nos prédécesseurs, notamment nous attachant à la Constitution du pape Grégoire XVI de respectable mémoire donnée à Rome le 5 août 1831, tout ce qui en cette constitution a été déclaré et constitué, de même nous déclarons et constituons, nous voulons et décrétons qu'elle soit retenue intacte et inviolable. Nous estimons, vénérables frères, de vous envoyer un exemplaire de cette constitution afin que vous ayez sous vos yeux tout ce qu'en cette constitution il a été exposé et sanctionné... etc...

Finalement rien ne nous est plus agréable que de choisir cette occasion pour vous attester et confirmer à nouveau la bienveillance toute spéciale dont nous vous comblons et de laquelle nous voulons que soit un gage non équivoque la bénédiction apostolique que, avec toute l'affection de notre cœur, nous vous donnons à vous, vénérables frères, à tout le clergé et fidèles confiés aux soins de chacun de vous.

Signé à Rome, dans la demeure près de Saint-Pierre, le 31 décembre 1860, l'an XV de notre pontificat,

Pape PIE IX.

Certifié conforme à l'original :

Nice, 18 octobre 1877.

Cⁿᵉ JUSTIN LUBONIS, chancelier épiscopal.

L'année suivante, après la demande du même gouvernement impérial d'étendre au diocèse de Nice et de la Savoie l'indult du 9 avril 1802 concernant les fêtes d'obligation et les jeûnes (abstinences ecclésiastiques) Sa Sainteté prit aussi en considération le bien fondé de cette demande, et elle l'a approuvé par décret suivant.

Traduction : *A la province de Nice.*

Sa Sainteté notre Seigneur le Pape Pie IX consent et accorde avec bienveillance aux demandes réitérées du Gouvernement impérial français, que dans la province de Nice, actuellement comprise dans le territoire du même gouvernement, les fêtes de précepte qui doivent s'observer chaque année, et les jeûnes ecclésiastiques, soient disposés, et les jeûnes soient observés de la même manière qu'ils sont honorés et pratiqués dans toute la France, selon la teneur de la disposition apostolique du Pape, de vénérable mémoire, Pie VII, et d'après l'indult du cardinal Jean-Baptiste Caprara légat à *latere* en France, en date du 9 avril 1802 ; et d'après la réponse suivante du même cardinal légat en date du 21 juin 1804 donnée réponse suivante à D. Forgeur, vicaire général (in una Mechiliniensi.)

Sa Sainteté a voulu donc que tout ce qui est propre à la matière, comme aussi la déclaration de la Sacrée Congrégation des Rites rendue le 1ᵉʳ septembre 1838 (in una Mechiliniensi) soient ajoutés au présent décret de son apostolique dispense, avec clause, *contrariis non obstantibus quibuscumque.*

Donné à Rome, le 30 décembre 1861.

Signé : CONSTANTIN cardinal PATRIZI, préfet de la Congrégation des Rites, D. BARTOLINI, S. C. R., secrétaire.

En réponse à la troisième proposition du Gouvernement impérial français, relative au détachement de l'Evêché de Nice de la Métropole de Gênes pour l'adjoindre à la Métropole d'Aix en Provence, le Saint Père Pie IX a sanctionné ce transfert par une bulle édictée de Rome, le 9 des calendes d'août (24 juillet 1861).

Cette bulle, comme l'encyclique. *Universi Dominici Gregis* du 31 décembre 1860 envoyée à l'archevêque et aux évêques de Savoie et de Nice, porte notamment la réserve expresse par laquelle il s'oppose à l'extension en cette province de Nice des articles organiques, contre lesquels le Saint-Siège a constamment réclamé et protesté, à l'introduction du mariage civil, et de toutes dispositions contraires *à la doctrine et aux droits de l'Eglise.*

Le Gouvernement français à la réception de cette bulle tant désirée a délibéré d'adopter le fond de la concession apostolique et de repousser les réserves. En fait, par la mutilation officielle gouvernementale des lettres *apostoliques relative aux réserves formelles* du Saint Père de l'extension en cette province de Nice, des articles organiques, du mariage et des dispositions qui seraient contraires *à la doctrine et aux droits de l'Eglise,* il a cru pouvoir *canoniquement* et légalement faire détacher le diocèse de Nice de la Métropole de Gênes et l'adjoindre à la Métropole d'Aix en Provence; et en conséquence il a édicté le décret suivant :

« Napoléon, etc.

« Sur le rapport de notre ministre, secrétaire de l'Etat au département de l'instruction publique et des cultes, vu l'article 1er de la loi 18 germinal an X; notre conseil d'Etat entendu, avons décrété et décrétons ce qui suit:

« Art. 1er. — L'Evêché de Nice qui dépendait de la Métropole de Gênes en Piémont, est réuni à la Métropole d'Aix.

« Art. 2. — La bulle donnée à Rome, sur notre proposition, le 9 des calendes d'août (24 juillet 1861) qui détache de la Métropole de Gênes l'évêché de Nice et l'adjoint à la Métropole d'Aix, et enlève à l'évêché de Nice, pour les incorporer à celui de Cunéo en Piémont, les bourgs et paroisses de Briga, Morignola, Realdo, Carlino, Piaggia, Upega, Tenda, Graville, Molieras, Bosiejas et Prato, ensemble les plans adjacents, et les terrains respectifs environnants, est reçue et sera publiée dans l'Empire en la forme ordinaire.

« Art. 3. — Ladite bulle est reçue, à l'exception néanmoins du passage commençant par les mots : « Sartis tectis cœteroquin, et finissant : « cadem conventione utendi declarantibus »; lequel passage n'est pas reçu, et ne sera publié en France, et sans approbation des clauses, formules ou expressions, qui sont ou pourraient être contraires à la Constitution, aux lois de l'Empire, aux franchises, libertés et maximes de l'Eglise Gallicane.

« Art. 4. — La présente bulle, sera, sauf la réserve contenue en
« l'article précédent, transcrite en latin et en français sur les registres
« de notre Conseil d'Etat ; mention de ladite transcription sera faite sur
« l'original par le secrétaire général du Conseil.

« Art. 5. — Notre ministre-secrétaire d'Etat au département de
« l'instruction publique et des cultes est chargé de l'exécution du
« présent décret. »

Il n'appartiendrait pas au but que nous nous sommes proposé
et fixé dans cette étude de relever que la mutilation officielle des lettres
apostoliques du 24 juillet 1861, dont jusqu'ici nous ne connaissons
aucun exemple, est assujettie, par le droit canon, à l'excommunication
majeure réservée au Pape, encourue *ipso facto* par tous tous ceux qui
sciemment, directement ou indirectement y ont contribué ou coopéré.

Mais la crainte d'encourir *ipso facto* l'excommunication susmentionnée par tous ceux qui auraient contribué à la publication de cette
bulle mutilée, expliquant le motif du retard de la mise en exécution et
le pourquoi elle n'a pas été publiée en son temps, donne lieu d'en considérer l'opportunité dans cette étude.

Cette excommunication est toujours en vigueur en France. M. Du-
rand-de-Maillane, qui fut un des rédacteurs de la trop fameuse constitution civile du clergé de France, dont le témoignage n'est que
plus fort, dit : « Il est impossible relativement à la France de fixer le
nombre des cas réservés au Pape. » Il n'y a à cet égard de règle générale
que pour les six cas sur lesquels les auteurs paraissent toujours s'accorder. Ce sont : 1° *Les Lettres apostoliques* (Dictionnaire du Droit Canon).

Le Rituel de Paris, dernière édition, publiée en 1839, par Mgr de
Quelen, maintient au nombre des cas réservés au Pape : « Falsificatio
bullarum seu litterarum Summi Pontificis. » Enfin, M. l'abbé Icard,
directeur du Séminaire de Saint-Sulpice, vicaire général de Paris
(*Prælectiones, jur. can. hab. in Seminario S. Sulpitii*, deuxième édition
Lecofre. t. III, p. 199, Paris 1862), écrit ceci : « Falsificantes litteras
apostolicas, qui nimirum rescripta, bullas, brevia quæ nomine summi
pontificis expediuntur, falsa conficiunt, aut litteris apostolica auctoritate
confectis tollunt aliquid vel immutant quo illorum sensus pervertatur,
incidunt *ipso facto* in excommunicationem majorem papæ reservatam ;
si sint clerici omni officio et beneficio privantur. Qui vero scienter
utuntur litteris apostolicis falsificatis, si clerici fuerint, officiis et bene-
ficiis spliari debent ; si laici, tandem manent excommunicatione innodati
donec satisfaciant competenter.

(Vide decretat lib. V ad falsariorum lib. VII de crimine falsi).

Mgr Flavius des Princes Ghigi, évêque de Myre, nonce apostolique,
près de Sa Majesté l'Empereur des Français Napoléon III, a été délégué
par Sa Sainteté le pape Pie IX, par décret consistorial daté de Rome,
le 15 décembre 1862, pour l'exécution et la publication de la Bulle

apostolique, du 24 juillet 1861. Mais le Nonce apostolique, vu l'état embarrassant dans lequel il se trouvait et les conséquences pénibles et désastreuses pour sa position, à cause que le décret impérial du 16 août 1862 portait à l'article 3 mutilation des réserves contenues dans la dite Bulle, 24 juillet 1861, vu que tel procédé était contraire aux droits de l'Eglise, du Saint-Père, et aux intérêts du diocèse à annexer, il déclara ne pouvoir procéder à la dite publication, et il s'empressa de communiquer sa décision bien arrêtée à M. Baroche, ministre des Cultes, en lui exposant les entraves et empêchements à la réalisation de la susdite publication en force du décret du 16 août, dont le sens et la portée de l'article 3 mutilait les réserves nécessaires au maintien des droits de l'Eglise catholique et des intérêts du diocèse de Nice, lui exposant aussi que pour suivre la pragmatique du Saint-Siège et pour sauvegarder les droits et les intérêts des tiers, il était obligé d'en référer à Rome, exposant la situation difficile dans laquelle il se trouvait et d'attendre les ordres et les instructions en conséquence que le Saint-Siège lui aurait transmis.

Les tiraillements des désaccords entre le Gouvernement français et la Rome apostolique durèrent plusieurs années au sujet du décret impérial du 16 août 1862. Le pape Pie IX a tenu ferme aux principes des droits de l'Eglise et des intérêts du diocèse de Nice, et il écrivit au Nonce de Paris, d'empêcher par tous les moyens de droit, l'exécution et la publication de cette Bulle, si elle n'était pas publiée intégralement sans aucune mutilation.

Finalement, le Ministre des Cultes, accédant aux prescriptions du Saint-Père, tranchait le différend par sa lettre, datée de Paris, le 1er juin 1864, adressée au Nonce apostolique et signée Baroche. Il déclarait au nom du Gouvernement qu'il autorisait la publication de la Bulle, du 24 juillet 1861 dans son texte original, tel qu'il avait été donné à Rome. Cette lettre, ainsi que toute la correspondance de cette affaire incidente, sont soigneusement conservées dans les archives de la Nonciature de Paris.

En réponse, son Excellence le Nonce apostolique, en date du 7 juin 1864, s'empressa de faire connaître au Ministre des Cultes, qu'il avait pris toutes dispositions pour l'exécution de la publication de la Bulle en parole, et qu'il avait en vertu de la faculté qui lui avait été accordée par décret consistorial, subdélégué Mgr Jordany, évêque de Fréjus.

Assuré par réponse favorable de Mgr Jordany de l'acceptation de ce mandat, en date du 7 juin 1864, Mgr Flavius Ghigi, évêque de Myre, nonce apostolique auprès de Sa Majesté l'Empereur des Français Napoléon III, en vertu du décret consistorial du 15 décembre 1862, délégué avec faculté de subdéléguer, pour donner exécution à la Bulle apostolique, datée de Rome, 24 juillet 1861, formula le décret suivant : « par « ces présentes nous nommons et instituons à l'effet de donner exécution

« à cette Bulle, M⁏ʳ Antoine-Joseph-Henry Jordany, évêque de Fréjus
« et de Toulon, à condition de la publier intégralement dans son texte
« original sans aucune mutilation ou restriction. En conséquence nous
« lui remettons ladite Bulle par laquelle Sa Sainteté le pape Pie IX
« sur la demande du Sérénissime Empereur des Français Napoléon III
« a décrété et sanctionné la séparation de l'Eglise de Nice de la
« Métropole de Gênes, pour être incorporée à la Métropole d'Aix.
« Nous confidons qu'il remplira consciencieusement ce mandat, daté
« de Paris, de l'hôtel de la Nonciature, le 7 du mois de juin 1864.

« Signé : Flavius GHIGI, nuntius apostolicus. »

L'Evêque de Fréjus et de Toulon, nanti de ce pouvoir comme
subdélégué, écrivit à M⁏ʳ Sola Pierre, évêque de Nice, lui notifiant la
subdélégation et que le dimanche huitième après la Pentecôte, le
10 juillet 1864, après la grand'messe capitulaire il aurait procédé à sa
publication.

Le jour fixé en présence du Chapitre cathédral, du Clergé de la
ville convoqué, et de toutes les autorités civiles et militaires et d'un
grand concours de peuple à l'issue de la grand'messe ce prélat d'une
piété rare et d'une conscience timorée a procédé à la promulgation et
lecture *textuelle* de la Bulle apostolique du 24 juillet 1861, et il a ordonné
la rédaction de l'acte suivi par le décret suivant :

Copie de l'acte :

ANTONIUS-JOSEPHUS-HENRICUS JORDANY,

DEI ET APOSTOLICÆ DEDIS GRATIA,

Episcopus Forojuliensis ac Tolonensis, Pontificio solio Assistens ad infra scripta subdelegatus etc.

(ut in Kalendario-Ordo, Niciensi 1865.)

*Universis et singulis prœsentes nostras litteras inspecturis
salutem in Domino.*

Virtute Litterarum Parisüs ex Ædibus S. Nuntiaturæ Apostolicæ
datarum die 7 mensis Junii anno 1864, quibus Illustrissimus ac R. R.
D. D. FLAVIUS e Principibus GHIGI, Archiepiscopus Myrensis, SS.
Domini Nostri Divina Providentia PII Papæ IX Prælatus Domesticus,
Pontificio solio Assistens et apud NAPOLEONEM III Francorum
Imperatorem Nuntius Ordinarius Apostolicus, per Consistoriale Decretum diei 12 Decembris anni 1862 deputatus in executorem Bullæ
Apostolicæ datæ Romæ nono Calendas Augusti anno 1861, qua
Santissimus Dominus PIUS PP. IX postulationibus sibi obsequenter
oblatis a Serenissimo Gallorum Imperatore NAPOLEONE III dignatus
fuit decernere atque sancire separationem suffraganeæ Ecclesiæ Niciensis ab Metropolitana Januensi, ut ipsamet suffraganea Niciensis
protinus Ecclesiasticæ Provinciæ Aquensi adjudicaretur, cum facultate
aliam personam in Ecclesiastica dignitate constitutam in id subde-
legandi; nunc Ipse aliis muneris sui distentus curis Niciensemque

urbem petere non valens, Nos in supradictæ Bullæ executorem subdelegare dignatus est; cum Niciam pervenissemus RR. DD. PETRO SOLA hujus urbis Episcopo litteras subdelegationis communicavimus, convocatisque Ecclesiæ Cathedralis Capitulo et universo civitatis Clero, adstantibus Civilibus et Judicialibus Magistratibus, Militaribus Ducibus, frequentique populo, post Missam solemnen Capituli, Dominica octava post Pentecostem die decima Julii anno 1864, lectis Consistoriali Decreto 15 Decembris 1862 et litteris subdelegationis Nobis datis, supradictam Bullam publicari fecimus, omnibusque et singulis ad quos spectat notum fecimus et intimavimus :

Niciensem Ecclesiam Episcopalem, urbem, universemque diœcesanum territorium et cuncta quæ inibi reperiuntur oppida, oratoria, ecclesias parochiales sive succursales, conventus, monasteria et ecclesiastica instituta tam sœcularia quam regularia, beneficia ibidem existentia et omnes utriusque sexus incolas, laicos seu clericos, Presbyteros atque monasticos cujuscumque ordinis aut conditionis viros ex nunc Auctoritate Apostolica ex provincia ecclesiastica Januensi sejuncta et a quavis metropolitana Archiepiscopi Januensis superioritate omnino esse abstracta, exceptis parœciis vulgo nuncupatis *Briga, Morignolo, Bealdo, Carlino, Piaggia, Upega, Tenda, Granile, Molieras, Bosiejas* et *Prato*, quæ sub ditione gubernii Pedemontani remanentes a Diœcesi Niciensi cum cunctis concomitantibus accessoriis disjunctæ ac Diœcesi Cuneensi Apostolica Auctoritate perpetuo sunt adjudicatæ et incorporatæ.

Illico vero relatam Niciensem Diœcesim una cum omnibus oppidis, locis, incolis et ecclesiasticis quibuscumque institutis, exceptis quibusdam parœciis, quæ supra designantur, amodo fieri et esse Ecclesiæ Metropolitanæ Aquensis suffraganeam cum omnibus juribus, honoribus et privilegiis quibus de jure communi cæteræ ejusdem ecclesiæ Metropolitanæ Aquensis suffraganeæ utuntur et fruuntur et jurisdictioni Metropolitanæ Archiepiscopi Aquensis simili Auctoritate Apostolica in perpetuum subjici.

In quorum omnium fidem præsentes litteras omnibus ad quos spectat expediri mandavimus.

Datum Niciæ, sub signo sigilloque nostris, nec non Cancellarii Curiæ nostræ Episcopalis subscriptione, anno Domini millesimo octingentesimo sexagesimo quarto, die vero mensis julii decima.

Subscripti : † J. HENRICUS, Ep. Foroj. ac Tolonensis.

Loco ✠ Sigilii.   *De Mandato* — Michel Pro Secrius.

Par un examen sérieux des documents qui précèdent sous le numéro 6, savoir du décret impérial du 16 août 1862, ainsi que de l'encyclique du décret et de la bulle apostolique du 24 juillet 1861, émanés de leurs respectives sources authentiques, nous nous proposons de donner pour chaque texte une appréciation raisonnée sur leur valeur juridique.

Avant que de procéder à cela, il est bien à propos de faire remarquer ici que cette bulle édictée à Rome le 24 juillet 1861 a été envoyée en France pour être communiquée au Gouvernement impérial vers la fin de juillet 1861. Mais le Gouvernement, qui ne voulait pas accepter les réserves y contenues, espérant que par les bons offices empressés du nonce apostolique, il obtiendrait que le Vatican aurait passé outre à ces réserves, temporisait toujours, et il différait de donner le décret de reconnaissance de cette bulle et de l'autorisation de sa publication. Plus tard, le même Gouvernement constatant par la fermeté résolue et invincible du Vatican, que ni par voie officieuse, ni par voie diplomatique de son ambassadeur accrédité à Rome près du Saint-Siège, il ne pouvait obtenir son but de la suppression des réserves y mentionnées, finalement il publia sur l'*Officiel* le décret du 16 août 1862, lequel est arrivé trop tard pour avoir force de loi. Cela établi :

1° Pour ce concerne le décret du 16 août relatif à l'autorisation de la réception et de la publication de la bulle donnée à Rome le 24 juillet 1861, on est autorisé par voie de conséquence déductive d'affirmer qu'il n'a pas force de loi pour les pays annexés, et dès lors il est considéré comme non avenu, attendu que ce décret a été édicté postérieurement au temps fixé par le Sénatus-consulte du 12 juin 1860 lequel porte à l'article 3 : « Les diverses mesures relatives à l'assiette des lignes de douanes, et « toutes *dispositions nécessaires pour l'introduction du régime* « *français dans ces territoires*, pourront être réglées *par décrets* « *impériaux rendus avant le 1er janvier 1861. Ces décrets* auront force « de loi. » Or, le temps accordé au Gouvernement jusqu'au 31 décembre 1860 pour rendre exécutoires aux provinces annexées les diverses parties de la législation française étant expiré et le décret sus-indiqué portant la date du 16 août 1862 (par conséquent postérieur à l'époque fixée par le Sénatus-consulte du 12 juin 1860) ne peut *avoir force de loi*, donc par là il est considéré comme non avenu et de nulle valeur ; nous pouvons dire de même que le décret du 28 février non publié avant le 31 décembre 1860, n'est pas applicable à ces provinces.

Si ce décret du 16 août 1862 n'a pas force de loi pour les raisons sus-indiquées, les articles qui le constituent et qui en dépendent doivent suivre le même sort.

Par conséquent, le sens de l'article 3, du même décret, portant mutilation de certains passages de la bulle qui réserve entre autres les droits de l'Eglise et par conséquent renfermant les droits de toutes ses institutions et notamment des corps *moraux religieux*, des établissements publics ecclésiastiques tel que les paroisses et les chapitres de Nice, est aussi entaché de nullité et doit être considéré comme non avenu.

De là il appert que la bulle susdite n'ayant pu être atteinte dans ses réserves par un décret qui est nul et que la portée intégrale du sens de son contenu n'ayant pas pu être viciée ni démolie, elle retient sa force et sa vigueur de loi imposant le respect par la raison juridique de la souveraineté de pouvoir de chef suprême de l'Eglise qui l'a édictée.

Pour ce qui concerne la validité légale en France de la publication de la bulle, 1861, on est induit à admettre qu'elle a été publiée non en vertu du décret, 16 août 1862, mais par la version historique de la lettre adressée en date du 1er juin 1864 au nom du Gouvernement, à Son Excellence Mgr le Nonce Apostolique et signée Baroche, par laquelle, pour trancher tout différend, il autorisait la publication de ladite bulle dans son texte original, tel qu'il avait été donné à Rome. Donc, à tort le Conseil d'Etat s'appuie sur le décret du 16 août 1862 démontré nul et non avenu, pour déclarer que le Chapitre de Nice n'est pas légalement constitué au nombre de vingt-un et par conséquent sans titre pour participer aux actes d'administration du diocèse.

S'il nous était permis, sans froisser le respect qu'on doit au Conseil d'Etat, nous pourrions lui opposer l'abus qu'il a commis dans cet avis du 10 janvier 1900. Car ce décret n'a pas force de loi, et dès lors s'appuyer sur ce décret constitue abus, que nous pourrions relever en le déférant au Sénat comme un acte inconstitutionnel.

2° Pour ce qui concerne l'encyclique, décret et bulle apostolique, décret consistorial, nous rappelons que Sa Majesté Napoléon III a adressé trois demandes distinctes en temps différent. La première avait pour objet l'application ou l'extension du Concordat de 1801 conclu avec Sa Sainteté Pie VII par l'intermédiaire du cardinal Caprara aux provinces annexées.

La seconde avait pour objet l'extension à ces provinces de l'indult concernant les fêtes et jeûnes en France de l'indult à cette fin accordé par le même cardinal Caprara, légat a *latere* en date du 9 avril 1802.

La troisième avait trait à la séparation du diocèse de Nice de la Métropole de Gênes pour l'incorporer à la Métropole d'Aix.

Par ces trois demandes adressées au Souverain Pontife romain, le Gouvernement impérial a fait preuve de connaître les principes du droit public sur la distinction des deux puissances religieuse et civile, c'est pourquoi tout ce qui appartenait à César dans l'ordre civil rapport à ces deux provinces il l'a conclu avec le Roi de Sardaigne, et pour tout ce qui se rattache à la religion, il s'est adressé au Vatican. Dans l'Eglise catholique, qui exerce le droit de souveraineté de faire des lois? Le Pape seul, ou le Concile œcuménique convoqué par le Pape et présidé par le Pape ou par ses légats, ont droit de faire des lois dans l'Eglise catholique obligeant les fidèles. Pie IX par son Encyclique du 31 décembre 1860, par le décret du 30 décembre 1861, et par la Bulle apostolique, 24 juillet 1861, a exercé son droit de législateur suprême en accordant l'extension du concordat 1801 à la Savoie et à Nice; l'indult des fêtes et jeûnes du cardinal J.-B. Caprara, légat a *latere* du 9 avril 1802, et la disjonction de Nice de la Métropole de Gênes pour être incorporée à la Métropole d'Aix, avec des clauses, conditions et réserves y annexées.

En vertu du droit public religieux, ces actes ont force de loi dans toute la teneur du texte qui les produit et doivent être littéralement respectés et observés dans l'empire et dans les provinces où ces lois ont été publiées. Le décret consistorial du 15 décembre 1862 pour la publication de la Bulle, 24 juillet 1861, accordant délégation avec faculté de subdéléguer à Mᵍʳ Ghigi, nonce apostolique, ce dernier par lettre en date du 7 juin 1864, a subdélégué Mᵍʳ Jordany, évêque de Fréjus et de Toulon, lequel en date du 10 juillet 1864 a publié intégralement tout le contenu de la susdite Bulle avec les réserves.

Par conséquent, cette Bulle a acquis, rapport aussi aux formalités accomplies de la publication canonique et civile, toute force, vigueur de loi civile et canonique. Par conséquent, le Chapitre, tel qu'il était constitué sous l'empire des lois civiles sardes d'alors et canoniques étant une institution de l'Eglise catholique, en retient les droits réservés, tel que la reconnaissance juridique civile et le droit de propriété aussi par l'empire sous lequel cette Bulle a été publiée pour les provinces annexées.

Ce droit a été contesté au Chapitre de Nice soit pour la reconnaissance légale de la personnalité civile des 21 membres qui le composent, soit rapport au droit acquis de propriété, par l'Avis du Conseil d'Etat du 10 janvier 1900.

La négation de ces droits constitue une violation flagrante d'une loi de l'Eglise dûment publiée en France, et qui est, et doit être envisagée comme acte diplomatique, ou contrat international, dont la violation relève non plus de l'administration ou des tribunaux français dont le Gouvernement est partie intéressée et lésante, mais du congrès international, seul juge des violations et des traités internationaux.

§ VIII

Décret du 28 mai 1864 approuvant les Statuts du Chapitre de Nice, présentés par Mgr l'Evêque de ce diocèse

Rapport à ce décret nous disons :

Les principes de droit public sur la distinction des deux puissances *Religieuse* et *Civile*, nous permettent d'affirmer que la puissance civile n'a pas le droit de s'immiscer dans les institutions qui sont propres à cette Eglise, tels que couvents, monastères, corps moraux religieux, établissements publics religieux, tels que les Chapitres cathédraux, considérés en tant que corps dépendants de l'Eglise pour donner et édicter des lois relatives à leur essence constitutive, ou à leur mode d'existence, avec les prérogatives qui leur sont conférées et à leur régime pour ce qui touche le gouvernement spirituel.

Avant tout, afin que le Gouvernement français puisse édicter la constitution et les constitutions d'un Chapitre, il faudrait que la loi parlât ; et précisément la loi à cet égard est muette.

D'ailleurs, c'est un principe incontestable de droit public, que « tout ce qui n'est pas défendu par la loi ne peut être empêché, et que nul ne peut être contraint à faire ce qu'elle n'ordonne pas » (Constitution de 1791). Or, l'expression statuts capitulaires ne se trouve nulle part dans la législation française et nulle part le droit d'approuver les dits statuts n'est conféré au Gouvernement. Les défenseurs du droit de l'Etat invoquent l'article 35 de la loi du 18 germinal an X, mais cette loi ayant été abrogée par l'édit royal du 21 mai 1814, et depuis 1860 jusqu'au 1ᵉʳ janvier 1861 n'ayant pas été promulguée à Nice et en Savoie selon la portée du Sénatus-consulte du 12 juin 1860, elle ne peut pas être invoquée pour les provinces annexées.

Donc l'Etat n'a pas à s'ingérer dans les affaires ecclésiastiques pour en dicter ou modérer les lois. Donc le décret 28 mai 1864, approuvant les statuts du Chapitre de Nice, présentés par Mgr l'Evêque du diocèse est sans portée, ne provenant pas d'une souveraineté investie du droit de faire des lois sur la matière.

On pourrait dire que ces statuts *ont été* présentés au Gouvernement par l'Evêque. Nous répondons que le Chapitre de Nice a été constitué et érigé canoniquement par Mgr Colonna, en vertu de la délégation du cardinal Caprara, légat apostolique, que par cette délégation Mgr Colonna devait ériger le Chapitre *ad nomen juris canonici* avec la faculté de désigner le nombre des canonicats qu'il aurait cru de fixer selon la nécessité, l'utilité et le décor de cette église dont les investis de chaque canonicat constituent le Chapitre de Nice, déjà érigé par décret du même cardinal Caprara, avec charge au même futur évêque de donner des constitutions ou de confectionner des statuts pour la règle de la conduite intérieure des chanoines et des offices divins. Attendu les difficultés créées par les circonstances du temps, le même cardinal légat, toujours par autorisation du Saint-Siège, accordait aux futurs évêques successeurs la faculté de modérer, d'abroger et de refaire à nouveau, si bon leur semblerait, les dits statuts réglementaires, mais avec le consentement des chanoines composant le Chapitre. Ce qui a été fait et exécuté en 1845, par Mgr Galvano, immédiat successeur de Mgr Colonna, sur les instances de Son Eminence le cardinal Polydoro, préfet de la Congrégation du Concile.

Mgʳ Galvano, prélat distingué et émérite, vu que les statuts réglementaires du Chapitre cathédral de Nice n'étaient pas conformes au droit commun, a sollicité les chanoines de rédiger eux-mêmes les statuts réglementaires selon l'esprit du Concile de Trente. Après la rédaction, et après mûr examen, en vertu de la délégation susmentionnée du cardinal Caprara, les a approuvés le 31 décembre 1845, déclarant que ceux de 1804 étaient annulés et abrogés.

Ces statuts formés et approuvés par qui de droit, sous l'empire des lois sardes, qui laissaient à l'Eglise et au Chapitre toute liberté, conformément aux traités intervenus entre le Saint-Siège et les rois de Sardaigne, ont seuls force de loi, avec abrogation des anciens 1804.

Lorsque Mgr Sola en 1864 a confectionné, ou pour mieux dire, a voulu faire revivre les statuts de 1804 déclarés nuls et abrogés par qui de droit, il n'a pas demandé au Chapitre le vote d'adhésion et d'approbation de ces statuts. Il est certain que s'il eût demandé ce consentement, les chanoines considérant ces statuts contraires au droit commun, ne les auraient pas approuvés.

Par ces motifs, Mgr Sola, à défaut de cette formalité, agissant contre les prescriptions du mandant, était dépourvu de toute autorité par conséquent dépourvu d'autorisation et de droit d'imposer aux chanoines de Nice ces statuts en contradiction avec le droit canon. Vu son impuissance, il a cherché de leur faire donner une force légale en les faisant revêtir de l'autorisation du Gouvernement, et les a envoyés à l'Empire pour l'approbation, afin de les imposer légalement au Chapitre de Nice.

Mais le Gouvernement français, à cause des principes du droit public sur la distinction des deux puissances *Religieuse* et *Civile*, étant étranger pour ce qui concerne les actes intérieurs, ou lois religieuses, n'a pas juridiction pour approuver ces statuts visant la discipline intérieure et les offices divins, pour donner une force, une sanction valable et reconnue dans les affaires spirituelles, car il n'est pas moins constant que nulle part la loi civile n'impose au Gouvernement le soin d'approuver les statuts des Chapitres proprement dits, ou réglementaires, ceux-ci demeurent et demeureront encore en dehors de la compétence de l'Etat. Donc de ce chef, aussi, le décret du 28 mai 1864 est sans force et par conséquent nul et non avenu.

Dans l'hypothèse même que le Gouvernement eût pu édicter des décrets dans l'espèce, le décret du 2 germinal an XII signé Bonaparte premier consul, approuvant les statuts capitulaires du diocèse de Nice, mentionné en celui du 28 mai 1864, a été abrogé par l'édit royal du 21 mai 1814, et par les édits suivants, donnés par le roi de Sardaigne, Victor-Emmanuel Ier (voir seconde partie, titre II, p. 12, 13), remettant en vigueur les constitutions générales de 1770, par lesquelles l'Eglise jouissait de la liberté la plus ample, et il annulait toutes lois, décrets, ordonnances de la Révolution, de la République française à partir de 1792 au 21 mai 1814 ayant été édicté postérieurement à l'époque fixée par le Sénatus-consulte du 12 juin 1860 pour la promulgation des lois introduisant le régime français dans ces territoires, pour y devenir obligatoires ; ce droit de publication depuis le 31 décembre 1860 étant périmé, le décret du 28 mai 1864, ne peut être légalement appliqué à Nice, et par conséquent au Chapitre.

Nota. — Pour bien apprécier la non-valeur des statuts 1864 :
1° Parce qu'ils sont contraires au *Jus Commune Canonicum ;*

4

2° Parce qu'ils ont été rédigés sans l'assentiment et contre la volonté expresse des chanoines composant le Chapitre ;

3° Surtout pour les conséquences désastreuses qui s'ensuivraient, nous conseillons les amateurs de lire le rapport de Mgr Fabre, rapporteur de la Commission composée de Mgrs les chanoines Asso, Fabre, Simon, nommés par le Chapitre en date du 1er mars 1900 pour étudier cette affaire, et en donner leur avis au Chapitre. Le second décret impérial en date 28 mai 1864.

§ IX

Question sur le nombre des Chanoines

Avant d'aborder cette question, comme le Chapitre est constitué par ceux, qui à raison de leur bénéfice ou prébende ont reçu la voix, la stalle en Chapitre, il est utile d'abord : 1° de spécifier qu'est-ce qu'un bénéfice ecclésiastique ? En second lieu de porter le texte des articles du Concordat du 15 juillet 1801, qui sont relatifs aux Chapitres, et la loi organique du 18 germinal an X.

Bénéfices Ecclésiastiques

Le *verbo* Bénéfice est ancien. Il était en usage auprès des Romains, qui appelaient Bénéfices civils les concessions des biens-fonds propriété au droit du Fisc, qui étaient distribués par les capitaines présidant l'armée, aux soldats, en récompense de la bravoure déployée dans un action d'éclat pendant le combat.

Vers le VIe siècle, l'Eglise a commencé à distribuer des biens-fonds aux clercs, pour leur alimentation. Vers le IXe siècle seulement se trouvent nommés et désignés les Bénéfices ecclésiastiques dans le *Canon* de l'ancienne Maguntia en Germanie, aujourd'hui Mayence « qui appelait *Bénéfice* la concession des biens appartenant à l'Eglise et attribuée par l'évêque aux clercs les plus méritants pour les services rendus à la religion, lesquels bénéfices aujourd'hui s'appellent bénéfices ecclésiastiques. »

Le Bénéfice ecclésiastique est défini par les canonistes : « *Beneficium est jus percipiendi fructus ex bonis ecclesiasticis, quod ecclesiastica auctoritate institutum, ab eadem clerico, propter spirituale officium, ad vitam tribuitur.* » Traduction : « Le bénéfice est un droit de percevoir les fruits provenant des biens de l'Eglise, institué par l'autorité de l'Eglise, et par la même donné à un clerc pendant sa vie naturelle durant, en raison d'un office spirituel. »

D'après la définition qui précède, il est évident que l'Eglise en se réservant la nue propriété, donne seulement à l'investi les fruits ou arrérages du bénéfice.

Ensuite on déduit que pour constituer un bénéfice ecclésiastique il faut : 1° qu'il soit érigé par l'autorité ecclésiastique, soit par le Pape ou soit par l'évêque, pour la raison que par le même bénéfice, on confère la faculté et le droit de remplir légitimement des charges et des fonctions spirituelles ;

2° Que l'autorité ecclésiastique seule ait le droit de le conférer en instituant un clerc, qui ait reçu, au moins, la première tonsure ;

3° Que le bénéfice soit perpétuel *in se* c'est-à-dire que les biens-fonds sur lesquels le bénéfice a été colloqué soient irrévocablement transférés et donnés à l'Eglise, qui en assure la perpétuité, par la défense d'aliénation, afin d'en assurer la rente durable pendant la vie de l'investi. En effet, le bénéficié, par sa vocation, promet à l'Eglise d'exercer son ministère pendant toute sa vie, et en retour il est équitable que l'Eglise lui assure le moyen de soutenir et pourvoir à son existence pendant sa vie.

Les bénéfices ecclésiastiques se divisent en bénéfices majeurs, qui sont ceux des évêques et des prélats qui exercent une juridiction presque épiscopale. Et les bénéfices mineurs qui sont les autres bénéfices inférieurs, lesquels se divisent encore en bénéfices séculiers, qui sont conférés aux clercs séculiers, et en bénéfices réguliers qui sont attribués aux clercs réguliers, ou soit religieux.

En outre ils se divisent encore en bénéfices doubles et en bénéfices simples. Les bénéfices doubles sont ceux qui ont ou *cure* d'âmes, ou juridiction, ou préséance avec obligation de résidence, comme les paroisses, les dignités, les canonicats résidentiels annexés par fondation à un Chapitre cathédral. Tous les autres bénéfices qui n'ont pas cure d'âme, ni préséance, ni obligation de résidence, quoique inamovibles, s'appellent bénéfices simples.

A part les bénéfices ecclésiastiques, il existe des bénéfices séculiers, ou chapellenies laïcales, qui peuvent être retenus par des séculiers, ou civils, attendu que l'autorité ecclésiastique est étrangère à l'érection à la constitution de l'investi, qui n'est chargé d'aucune fonction religieuse, mais seulement de l'obligation de faire célébrer, par le prêtre et dans l'église que bon lui semble, un certain nombre de messes ; et que le fondateur a spécifié vouloir ériger une chapellenie ou bénéfice purement laïcal sans être assujetti à l'autorité de l'évêque. Or, tous ces bénéfices ecclésiastiques, partant du droit *Canon*, de par la loi sarde constituent pour chacun des titulaires une personne civile, jouissant des droits civils aux termes du Code sarde, article 25, qui porte : « l'Eglise, les Communes, les Etablissements publics... et autres corps moraux sont considérés comme autant de personnes, et jouissent des droits civils » ; article 418 : les biens appartiennent ou à la Couronne, ou à l'Eglise, ou aux établissements publics, ou aux particuliers ; article 433 : sous le nom des biens de l'Eglise, on entend ceux qui appartiennent à *chaque Bénéfice*, ou à des établissements ecclésiastiques. Il n'est pas de preuve plus péremptoire que ces articles du Code sarde pour établir l'existence de la personnalité civile des possesseurs de ces bénéfices et de la reconnaissance légale du droit de propriété.

Par la lecture de ces articles nous pouvons aussi conclure que les hommes éminents qui ont présidé à la confection du Code Sarde Albertin, non seulement y ont traduit les anciennes constitutions et principes fondamentaux de la Monarchie de Savoie, mais aussi comme connaisseurs approfondis du droit *Canon* y ont introduit le respect des droits de l'Eglise. Les stipulations diplomatiques de 1860 ont reconnu ces droits (voir page   du présent.)

Texte des Articles du Concordat du 15 juillet 1801 qui sont relatifs aux Chapitres et la loi organique du 18 germinal an X.

Dans le Concordat signé à Paris en date du 15 juillet 1801 par les plénipotentiaires de Sa Sainteté Pie VII et ceux du Gouvernement français, à l'article 1, paragraphe 1er, il est stipulé : « Religio Catolica Apostolica Romana libere in Gallia exercebitur. » Traduction : la religion Catholique Apostolique Romaine pourra être exercée librement en France. Cet article suffisait pour établir la liberté en France pour la religion catholique prise dans son ensemble, et du même coup pour toutes les institutions qui lui sont propres, principalement pour les Chapitres cathédraux et les séminaires.

L'article 11 du même concordat porte : « Poterunt eidem Episcopi habere unum capitulum in sua Cathedrali ecclesiæ, atque nunum seminarium in sua quisque diœcesi, sine dotationis obligatione ex parte Gubernii. » Pourquoi cet article 11 ? Par là, le Saint-Siège laissait percer ses convictions touchant la nécessité des Chapitres cathédraux et des séminaires ; il assurait enfin à ces établissements le bienfait de la reconnaissance légale. L'article 11 n'est pas seulement le développement de l'article 1er en ce qui touche les Chapitres et les séminaires, il en est encore l'interprétation dans un sens limitatif.

En vertu de l'article 1re, les évêques pouvaient avoir toutes les institutions propres à l'Eglise catholique, et notamment les Chapitres cathédraux, et non cathédraux comme les collégiales. En vertu de l'article 11, leur droit se trouve limité aux Chapitres cathédraux, probablement sur la demande du Gouvernement, qui n'aura pas voulu s'engager quant aux établissements des Chapitres simples collégiales ; donc, soit au point de vue de l'Eglise, soit au point de vue de l'Etat, la présence de cet article est expliquée.

L'article 15, porte : « Gubernum curabit ut Catholicis in Gallia liberum sit, si libuerit, Ecclesiis consulere novis fundationibus. » Traduction : « Le Gouvernement aura soin, qu'il soit loisible aux catholiques en France de faire de *nouvelles fondations dans l'Eglise.*

Celle-ci est une loi bien explicite et claire qui ne donne pas lieu à des interprétations vagues.

La loi organique du 18 germinal an X, porte : « Les évêques qui voudront user de la faculté ne peuvent établir des Chapitres cathédraux dans leurs diocèses, qu'avec l'autorisation du Gouvernement, tant pour l'établissement lui-même, que pour le nombre et le choix des ecclésiastiques destinés à les former. » Nous avons prouvé que la loi organique du 18 germinal an X n'ayant pas été promulguée, ni publiée dans les provinces annexées, elle ne peut pas être appliquée au Chapitre de Nice où le Concile de Trente, soit rapport au dogme, morale, soit rapport à la discipline publié dans les Etats sardes, était en vigueur en 1860, et l'est encore dans sa plénitude après l'annexion.

Pour faire retour au Conseil d'Etat, son avis du 10 janvier 1900 ne pouvait viser que les Chapitres qui doivent être érigés à nouveau en France, selon le contenu de l'article 35 de la loi organique, mais pas à Nice, pays annexé où cette loi n'est pas en vigueur. (Les évêques qui voudront user de la faculté d'ériger de nouveaux chapitres cathédraux etc., etc.) et jamais ceux qui existaient avant l'annexion en Savoie et à Nice reconnus par le droit *Canon* et par les lois sardes comme personnes civiles. Par conséquent, le Chapitre de Nice, en vertu des droits acquis, établis par le traité d'annexion et par la Convention internationale du 23 août 1860 et par la Bulle Apostolique du 24 juillet 1861, conserve son autonomie en qualité d'établissement public religieux avec la personnalité civile tel qu'il était constitué au nombre de vingt-un chanoines, avant 1860.

Cela établi, nous disons :

II

Pour ce qui concerne la question sur le nombre des chanoines, composant chaque Chapitre, il n'existe aucune loi ecclésiastique ni civile qui en fixe ou limite à *priori* et en général le nombre, sauf le cas où le Pape, par la haute souveraineté qu'il exerce dans l'Eglise, par décret d'érection d'un nouveau Chapitre fixe la limite à un nombre déterminé, vu la rente des prébendes affectées à ces canonicats. En ce cas le droit canonique pour l'érection d'un nouveau canonicat exige l'autorisation du Pape, *prævio consensu Capituli*.

Dans le cas où le nombre des chanoines ne serait pas fixé par le Saint-Siège, Ferrari, libro II, titulo XV n° 7 s'exprime ainsi : « Ubi « numerus canonicorum non est per S^m Pontificem definitus, potest « Episcopus novos canonicatus erigere, si adsit dos sufficiens, et capituli « consensus, quanquam canonicorum numerus fuerit ab aliquo Episcopo « antecessore definitus, quia ab ejusdem antecessoris definitione non « devinietur-ita etiam De-Luca. de can. dessert. 6, et 36. » Truduction : « Là où le nombre des chanoines n'est pas défini par le Souverain Pontife, l'évêque peut ériger de nouveaux canonicats, si pour cette fondation existe une dot suffisante et le consentement du Chapitre, bien que le nombre des chanoines ait été défini par quelque évêque prédécesseur, en raison de ce que le successeur n'est pas lié par la détermination de son prédécesseur. Donc, à défaut d'une telle réserve, la fondation des nouveaux canonicats est loisible à chaque évêque pourvu qu'il observe les prescriptions canoniques.

De fait, dans le Concordat du 15 juillet 1801, à l'article 11, on lit: « Poterunt Episcopi habere unum Capitulum in Cathedrali ecclesia. Sine dotationis obligatione ex porte Gubernii. » Celle-ci est une loi aussi civile, dans laquelle il n'est pas fait mention du nombre de chanoines. Et à l'article 15, du même concordat, il est exprimé : « Gubernium curabit ut Catholicis in Gallia liberum sit, si libuerit, ecclesiis consulere novis fundationibus. Traduction : « Le Gouvernement aura soin, qu'il soit loisible aux Catholiques en France de faire de nouvelles fondations dans les églises. Donc, sous l'Empire du Concordat il était admis en principe que dans les Chapitres, institutions de l'Eglise, on pouvait établir des fondations, de nouveaux canonicats.

Le cardinal Caprara, en vertu des pouvoirs à lui accordés par le Saint Père Pie VII de subdéléguer, par son décret exécutorial du 10 avril 1802, accordait au futur premier évêque de Nice, pour l'érection et la constitution du Chapitre de Nice, la faculté de fixer à son bon loisir le nombre des chanoines selon la nécessité, l'utilité et le décor du Chapitre de Nice.

Mgr Colonna, en vertu de la délégation précitée, par son décret en date du 1er novembre 1803, a déclaré que dans l'église cathédrale de Sainte-Réparate, vierge et martyre est érigé et constitué le Chapitre, sans faire mention du nombre des chanoines. Postérieurement à la constitution du Chapitre de Nice, Mgr Colonna, par décret du 1er mars 1804, et quatre mois après, agissant de sa propre autorité, déclarait que le nombre des chanoines était fixé à neuf.

Or, la fixation du nombre des chanoines, n'ayant pas été déterminé par Mgr Colonna dans le décret d'érection du Chapitre de Nice comme aurait pu le faire au nom du Pape en vertu de la subdélégation du cardinal Légat, mais postérieurement par sa propre autorité il s'ensuit que cette fixation au nombre de neuf demeure purement épiscopale et que par conséquent elle peut être abrogée par son successeur, aux dires de Ferrari et De Luca, canonistes émérites. L'interprétation des canonistes a été suivie par Mgr Colonna même, et par le fait d'érection et institution de nouveaux canonicats, il a abrogé la fixation du nombre des chanoines de Nice, portée par son décret du 4 mars 1804. Car, sur la proposition du roi de Sardaigne Charles-Félix, de vouloir créer quatre nouveaux canonicats, dont la libre collation est réservée à l'évêque *pro tempore*, outre les neuf de première fondation, l'évêque y ayant donné son assentiment, par ce fait la fixation du nombre a été abolie.

D'après l'entente préalable avec l'ordinaire du diocèse, le roi, par décret du 12 septembre 1821 et par décret du 17 septembre 1824 a créé quatre canonicats dont les prébendes, pour l'usufruit aux titulaires, étaient colloquées sur un *cens perpétuel* dû à l'Etat par la commune de Nice, solde provenant de la vente des biens ecclésiastiques. Par ces décrets le roi considérant que les quatre nouveaux canonicats étaient inférieurs rapport à la vente, aux neuf de première fondation, il imposait la condition, de rigueur, que les titulaires de ces quatre canonicats auraient droit d'option entre eux et envers ceux de première institution.

Ces fondations de quatre canonicats (de création royale autant que les premiers neuf canonicats) ont été acceptées, avec les clauses imposées par le roi de Sardaigne, par le Chapitre de Nice et ensuite érigées en forme canonique par l'évêque Mgr Colonna, par décret du 21 novembre 1821 et du 20 décembre 1824. Après l'institution de ces quatre canonicats fondés par le roi Charles-Félix, Mgr Colonna d'Istria par décret du 7 juillet 1828 édictait ce qui suit :

« 1° Canonici titulares dictæ nostræ Ecclesiæ Cathedralis, qui idem
« capitolum companunt, et qui in posterum nominati fuerint, *etiam*
« *per novas canonicatum erectiones*, præcedent tam in choro quam in
« processionibus..... canonicos honorarios quos tribus ab hinc annis
« nominavimus.

« 2° Volentes autem esse connumerandos inter canonicos titulares,
« in iis quæ præsentes respiciunt, Canonicum Curatum, et Seminarii
« nostri Rectorem, etc., etc. »

Le canonicat Massa fondé aux termes du testament public en date du 6 novembre 1807 par le chanoine Jean-Baptiste Massa et reçu par le notaire Martin Seytour après la cessation d'usufruit, a été régulièrement accepté par le Chapitre et érigé canoniquement par décret de Mgr Colonna d'Istria en date du 27 juillet 1828 et conféré à M. Lazar Rayberti, prêtre très distingué. Par ces actes successifs, Mgr Colonna a abrogé le nombre des chanoines fixé par décret du 4 mars 1804. Or, si Mgr Colonna a dérogé et valablement au décret du 4 mars 1804, acte émané de sa propre autorité, a *fortiori* son successeur immédiat, nanti du pouvoir de Souverain Pontife, pouvait annuler les actes émanés purement d'autorité épiscopale de son prédécesseur. Ce que fit Mgr Galvano en autorisant les nouveaux statuts de 1845 et en les approuvant d'autorité du Saint-Siège et déclarant abrogés les statuts de son prédécesseur édictés en 1804.

Il faut remarquer que par décret d'approbation, en date du 31 décembre 1845, Mgr Galvano n'érige point le Chapitre de Nice qui était déjà érigé et constitué canoniquement selon la forme de l'Eglise d'après délégation donnée par le cardinal Caprara à Mgr Colonna, qui par décret du 1er novembre 1803 avait déclaré que dans l'église cathédrale de Sainte-Réparate, vierge et martyre est érigé et constitué le Chapitre de Nice.

CAPUT I.

DE CAPITULI ELECTIONE ET FORMA

1° — Capitulum, cujus primo origo antiquissima est, post lamentabilem ipsius extinctionem, lugendo gallicæ rebellionis tempore, quo

Niciensis hæc Ecclesia teterrimam passa est cladem, noviter ereectum fuit a felicissimæ recordationis Episcopo Joanne Baptista Colonna, qui per ipsius decretum diei 1 novembris 1803 apostolica, qua pollebat, auctoritate vi decreti Eminentissi D. Joannis Baptistæ Caprara S. R. E. Presbyteri Cardinalis et Apostolicæ Sedis Legati a latere penes gallicum gubernium sub datum Parisiis diei 9 aprilis 1802, ipsum Capitulum canonice erexit, erectumque solemniter declaravit.

Les nouveaux statuts de 1845, chapitre II, n° 4 de canonicorum numéro porte : « Capitulum quod olim sex dignitatibus et quatuordecim « canonicis coustabat nunc *sexdedecim* canonicis conflatur compre- « benso canonico Curato, quibus addentur tres alii Canonici ex fun- « datione quondam ill^{mi} Comitis Josephi Guiglionda à Sta Agatha quæ « suum sortietur effectum post obitum conjugis ejusdem defuncti « Comitis-Facultas autem erit alios canonicatus erigendi servatis de « jure servandis. » Traduction : « Le Chapitre qui anciennement con- sistait en six dignités et quatorze chanoines, actuellement est composé de seize chanoines y compris le chanoine-curé, auxquels seront adjoints trois autres canonicats de fondation de feu Très Ill^e Comte Joseph Guiglionda de Sainte-Agathe, qui aura effet d'exécution après la mort de la femme du même comte défunt, est réservée aussi la faculté au Chapitre d'ériger d'autres canonicats en observant les conditions *prescrites* par le droit canonique. »

En vertu de cet article 4, plusieurs prébendes ont été constituées pour la fondation de canonicats successifs, lesquelles consenties par le Chapitre et érigées par décrets épiscopaux ont été canoniquement adjointes au Chapitre de Nice, savoir :

Après la fondation royale des quatre canonicats dits de la Ville, avec rente de 800 francs pour les trois premiers, et de 550 francs pour le quatrième, la fondation du canonicat Massa avec rente d'environ 1,500 fr., érigés par Mgr Colonna, susmentionné.

Le sixième canonicat, fondé en 1836, par Mme la comtesse d'Aiglun, au revenu de 600 francs, augmenté par les arrérages laissés par le chanoine Joseph Bres, deuxième titulaire, pour être portés en capital, dont la rente, y compris le revenu de première fondation, s'élève environ au chiffre de 1,600 francs, avec charge d'aider l'aumônier de l'Hospice de la Providence.

Le septième canonicat, fondé par acte Xavier Barraja, notaire à Nice, le 7 mars 1842, par M. l'abbé Louis Bres, auquel canonicat a été annexée la paroisse de Saint-Dominique à Nice — par autorité du Souverain Pontife, selon rescrit de la Sacrée Congrégation du Concile, en date du 12 février 1842, et confirmé en 1874 par la même Congrégation, approuvant l'union des deux bénéfices érigés par décret épiscopal de Mgr Galvano du 10 mars 1842 — au revenu de 400 francs pour le canonicat.

Le huitième, le canonicat Torrini, au revenu de 624 francs, fondé en 1848 (29 avril), par l'abbé Clément Torrini, chanoine titulaire.

Les neuvième, dixième et onzième canonicats, chacun colloqué sur l'immeuble Sainte-Agathe, maison sise rue Saint-Vincent, 8, à Nice, fondés par testament, en date du 21 janvier 1820, et érigés canoniquement par Mgr Galvano, évêque de Nice, le 15 mai 1852, au revenu approximatif de 1,000 francs, déduction faite des charges imposées aux titulaires.

Le douzième canonicat colloqué sur une maison sise à Villefranche-sur-Mer, dont la rente actuelle ne s'élève qu'à 900 francs, a été fondé par acte reçu par le notaire de l'évêché Xavier Barraja, en 1852, par la demoiselle Apollonie Rigues.

Pour ces 12 canonicats qui, additionnés aux neuf de première fondation royale, complètent le nombre de vingt-un, assurément on n'ira pas faire un grief au Chapitre de Nice de n'avoir pas obtenu du roi de Sardaigne l'autorisation non exigée par la loi sarde qui, pour la conséquence des droits acquis, est devenue loi française.

Le Chapitre de Nice, tel que l'annexion l'a trouvé constitué, était un établissement public religieux reconnu par la loi sarde, et les prébendes de fondation particulière, au nombre de huit, étaient successivement érigées en canonicats après l'approbation du Chapitre dans le sens du Concile de Trente, et instituées par décret de l'évêque *pro tempore* selon la forme prescrite par les Sacrés Canons. En vertu des lois canoniques les titulaires de ces canonicats sont de vrais chanoines dans le sens de l'Eglise, formant le corps capitulaire, et chacun avec droit à la stalle au chœur et voix délibérative en Chapitre, avec tous les droits, honneurs, privilèges, fruits, charges, prérogatives communs à tous les autres canonicats. Ces privilèges sont exprimés dans les patentes de nomination délivrées par l'évêque à chaque membre pour constater la provision et installation dans le canonicat. Or, dans le traité d'annexion, article 5, les droits acquis par les personnes civiles sont reconnus. Le Chapitre de Nice, tel qu'il était constitué en 1860 (en vertu de l'article 25 du Code civil Albertin), ainsi conçu : « l'église, les communes, les établissements publics, les sociétes autorisées par le roi et autres corps moraux, sont considérés comme autant de personnes et jouissent *des droits civils*), était *une personne civile*. » Donc ses droits acquis sont aussi reconnus de par la loi d'annexion qui est devenue loi française.

En outre dans la convention internationale du 23 août 1860 qui est devenue aussi loi française, il a été stipulé, article 7 « les collèges et tous les établissements publics existant dans la Savoie et l'arrondissement de Nice, et constitués d'après les lois sardes, en personnes civiles, pouvant acquérir et posséder, conservent la propriété de tous leurs biens, meubles et immeubles et les sommes existant dans leurs caisses au 14 juin 1860.»

Du moment que cette loi à l'article 7, porte : «et tous les établissements publics», tous les Chapitres sont compris dans cet article et par voie de illation et de conséquence, le Chapitre de Nice y est compris tel qu'il existait en 1860, et il est maintenu dans tous ses droits de personne civile et de propriété mobilière et immobilière, attendu que la loi explique clairement la personnalité civile par ces mots : « et constitués d'après les lois sardes en personnes civiles. »

Après la clarté de ce texte qui a force de loi française, nous ne pouvons pas comprendre pourquoi le Conseil d'Etat, dans son avis du 10 janvier 1900, a pu dire et affirmer, en parlant des chanoines titulaires de Nice « qu'on prétend vainement justifier cette intervention (dans le Chapitre), en invoquant les stipulations diplomatiques échangées au moment de la cession du comté de Nice, alors que ni le traité de Turin 24 mars 1860, ni l'article 7 de la convention du 23 août suivant, qu'on rappelle, n'ont en vue les titulaires, ou les établissements ecclésiastiques. »

Après une telle remarque sur l'interprétation de ces deux actes diplomatiques, 24 mars et 23 août 1860, qui amène à un avis erroné et non fondé, nous nous croyons autorisé d'affirmer que lorsqu'on a un parti pris d'avance, on ne pèse plus ni les termes d'une stipulation intervenue de bonne foi, entre deux puissances, ni la portée du sens de l'article 7, aussi claire et évidente de la convention du 23 août 1860. — Que messieurs les membres qui composent le Conseil d'Etat, d'ailleurs très respectables et très éclairés en droit administratif, mais peu familiers et peu fondés dans les conventions et dans les traités diplomatiques, daignent nous pardonner, si nous, convaincu des droits dont jouissent les 21 chanoines composant le Chapitre de Nice, nous ne pouvons pas partager et admettre leur avis, qui est en contradiction avec la loi sarde devenue en vertu de l'annexion de la Savoie et de Nice aussi loi française. — Pour en faire la preuve, nous avons cité plus haut l'article 25 du code civil Albertin, qui porte « l'église, les communes, les établissements publics, les sociétés autorisées par le roi et autres corps moraux sont considérés comme autant de personnes et jouissent des droits civils ». Le même code civil porte à l'article 33 : « sous le nom « de biens de l'Eglise, on entend ceux qui appartiennent à chaque béné- « fice ou à des établissements ecclésiastiques ». Si sous le nom de l'Eglise en général, la loi sarde, à l'article 2 reconnaissait toutes les institutions qui lui sont propres, par l'article 433, elle reconnaît à chaque bénéfice et à chaque établissement ecclésiastique, l'existence légale en reconnaissant la propriété.

En appui de la reconnaissance légale en France, de tous les corps moraux religieux, tels que le Chapitre de Nice et des membres qui le composaient en 1860, nous citons le décret impérial du 13 juin 1860, qui porte : « Tous les édifices religieux, tous les établissements ecclé- « siastiques existant aujourd'hui en Savoie et dans l'arrondissement de « Nice, reconnus par l'Etat et consacrés au service diocésain et parois- « sial, tous les ecclésiastiques, légalement attachés à ces établissements,

« continueront jusqu'à ce qu'il y ait été pourvu autrement à recevoir
« les subventions et traitements tels qu'ils ont été fixés par Sa Majesté
« le roi de Sardaigne, et au moyen des ressources qu'il avait détermi-
« nées ». En vertu de ce décret, il appert évidemment que le Chapitre
de Nice, avec tous les membres qui le composent, légalement attachés
au service diocésain, ont la reconnaissance légale.

III

Contrairement à l'avis du Conseil d'Etat, du 10 janvier 1900, tous
les jurisconsultes en droit international, selon la portée de l'article 7 de
la convention du 23 août 1860, y déduisent que la loi tranche nettement
la question de personne juridique civile de tous les corps moraux religieux ou civils et par conséquent de tous les établissements publics tels
que couvents, monastères, hospices, chapitres, existant en Savoie et à
Nice, à la condition qu'ils soient constitués en personne civile, d'après la
loi sarde. Il est tout à fait arbitraire de restreindre le texte de l'article 7
aux établissements publics jouissant des subventions ou des bourses
de l'Etat.

Le texte est absolument général et il s'applique à tous : aux communes, collèges, lycées, chapitres, séminaires, cures paroissiales, fabriques, monastères et couvents, en disant : et tous autres établissements
publics existant en Savoie et à Nice et constitués, d'après les lois sardes,
en personnes civiles.

Les communes ont survécu à l'annexion, de même les hospices,
séminaires et toutes les personnes ou établissements moraux dont la
constitution et l'objectif principal est d'assurer la perpétuité de l'œuvre
pour laquelle ils ont été fondés. Ainsi le Chapitre de Nice, personne
morale reconue personne civile, n'est pas mort par le fait de l'annexion
de Nice à la France ; il existait à cette époque et, par là, il n'a pas eu
besoin d'être reconstitué par une création nouvelle, puisqu'il existait
sous l'empire des lois sardes ; il n'est pas mort depuis et il ne peut pas
mourir, comme corps moral, attendu qu'au décès d'un membre, ce membre est de suite remplacé. Donc il existe toujours, tel qu'il était constitué
en 1860, en personne civile avec les vingt-un membres qui le composent.
Ce Chapitre, en vertu de l'article 7, est maintenu dans tous ses droits
mobiliers et immobiliers ; donc, dans ce Chapitre, sont péremptoirement
maintenus et nécessairement compris les canonicats fondés pendant la
période de la domination sarde avec les rentes et immeubles adhérents
aux dits canonicats.

Si la propriété de ces rentes et immeubles est assurée au Chapitre
de Nice, elle demeure entre ses mains sous toutes les conditions originaires, avec les charges stipulées et acceptées : services religieux, prébendes canonicales, propriétés, titres, rentes, arrérages, aumônes. C'est
pourquoi tous les canonicats, au nombre de vingt-un, desquels est

encore composé le Chapitre de Nice, existant plusieurs années avant l'annexion du Comté de Nice à la France et constituant tous ensemble les titulaires, avec un égal et même droit acquis, l'être moral ou soit l'établissement religieux diocésain, constitué d'après les lois sardes en personne civile, ce Chapitre, composé de ces vingt-un membres, jouit encore de la reconnaissance de la personnalité juridique-civile.

IV

L'événement de la cession de Nice à la France ne pouvait pas détruire, pour le Chapitre de Nice, le droit acquis de la personne civile, pas même celui de la propriété et de l'administration de ses biens, en vertu des principes généraux de droit international, reconnus et admis par tous les jurisconsultes et par la jurisprudence des Tribunaux, « que les lois ne peuvent avoir force d'effet rétroactif. » Par conséquent, l'existence des canonicats surajoutés au nombre primitif est inattaquable, à moins qu'on ne déchire les principes de droit international et les traités intervenus.

V

C'est aussi une preuve péremptoire pour démontrer qu'un corps moral a la reconnaissance légale de son existence, l'affectation de l'assiette de la taxe de main-morte. Le Chapitre de Nice, depuis 1830, était assujetti à la taxe de main-morte par le Gouvernement sarde, et depuis 1860 par le Gouvernement français, pour la maison sise à Nice, rue Colonna-d'Istria, 12, maison qui avait été cédée gratuitement par le Chapitre à l'Etat par délibération du 2 mars 1899, pour l'agrandissement de la cathédrale. La même taxe de main-morte était affectée par le Gouvernement sarde sur la maison sise à Nice, rue Saint-Vincent, 8, sur laquelle sont colloqués trois canonicats, dits de Sainte-Agathe, et depuis l'annexion cette taxe est perçue par le Gouvernement français. Les maisons sises à Nice, rue de Rome, nos 14 et 16, acquises du Crédit Foncier de France, par le Chapitre, par acte du 31 mars 1892, reçu Sajetto, notaire, sur lesquelles ont été colloqués quatre canonicats de la ville et un de la fondation Massa, en total cinq canonicats en remploi du *capital cens* dû par la ville de Nice, représentant la prébende des cinq canonicats susdits y affectés en vertu des décrets de Sa Majesté le roi de Sardaigne Charles-Félix, en date du 12 septembre 1821 et 17 septembre 1824, et par cession d'un *capital cens* de francs 22,500, dû par la ville de Nice, et faite aux termes de l'acte reçu Barraïa, notaire à Nice, en date du 9 novembre 1846, par le marquis César de Grimaldi Di Boglio, au canonicat Massa représenté par le titulaire chanoine Lazare Raïberti. La ville de Nice, en vertu de la délibération en date du 16 septembre 1891, approuvée par le Préfet des Alpes-Maritimes, le 7 novembre suivant, a payé au Chapitre le montant de ce *capital cens* et le Chapitre a remployé la somme en l'acquisition des maisons rue de Rome, nos 14 et 16, sur lesquelles le Gouvernement français a affecté la taxe de main-morte.

VI

Une autre preuve de la reconnaissance légale de la personne civile des 21 membres composant le Chapitre de Nice nous la fournit l'autorisation du Conseil de Préfecture des Alpes-Maritimes au nom des 21 chanoines pour ester en justice et pouvoir faire assigner la commune d'Aspremont, et l'astreindre au payement d'un *capital cens* dû au même chapitre. — Une seconde autorisation accordée par le même Conseil de Préfecture aux 21 Membres du Chapitre de Nice en date du 4 novembre 1898 pour ester en appel à la Cour d'Aix en Provence.

Comme aussi le Tribunal Civil de Première Instance de Nice, la Cour d'Appel d'Aix, la Cour de Cassation de Paris et la Cour d'Appel de Chambéry qui ont admis, jugé l'affaire susmentionnée entre les Chanoines composant le Chapitre de Nice et la Commune d'Aspremont.

VII

Il est à propos de donner ici la définition : qu'est-ce qu'un Chapitre ? ou pour mieux dire de spécifier : qu'est-ce qu'un Chapitre Cathédral considéré civilement et ensuite ecclésiastiquement ?

Le Chapitre considéré comme établissement civil jouissant de la personnalité civile, on le définit : établissement moral, dont la constitution et l'objectif principal est d'assurer la perpétuité de l'œuvre pour laquelle il a été fondé, et il se perpétue par l'adjonction d'un nouveau membre qu'il agrée, par suite du décès d'un membre précédent, et par ce mode successif d'adjonction, il est toujours vivant et debout, et il ne peut pas mourir, lequel étant reconnu par la loi Sarde possède aujourd'hui comme hier, en *France,* les mêmes droits de personnalité civile et de propriété acquis sous l'empire des lois sardes.

Cette spécification est applicable à tous les établissements publics, ou privés, déclarés d'utilité publique, tels que la Mense Episcopale, Chapitre, Cure, Fabrique, Monastère et Hospice Civil.

Le Chapitre considéré comme Etablissement Ecclésiastique, étant une institution créée non par *l'autorité civile,* mais par l'Eglise, doit être réglé selon les lois de l'Eglise de laquelle il dépend.

L'Eglise catholique distingue parmi ses institutions dans les établissements ecclésiastiques deux classes :

1° Les Etablissements ecclésiastiques séculiers ;

2° Les Etablissements religieux réguliers.

Et par suite les membres qui les constituent sont appelés dans la première catégorie, clergé séculier et dans la seconde, clergé régulier.

Le Chapitre de Nice doit être rangé parmi la première classe.

Le Chapitre de Nice établissement ecclésiastique séculier, selon le sens de l'Eglise, est composé de membres séculiers qui forment le Chapitre. Ces derniers ne sont pas astreints par vœu à l'obédience, ou à la soumission à son chef-président, qui est le doyen du Chapitre, distinct de l'Evêque, et ils conservent leur liberté personnelle, et acquièrent dès leur installation ou réception *inter fratres*, le droit de voix délibérative, de la stalle, en chapitre et de l'usufruit du bénéfice canonial dont ils sont investis, et ce pendant leur vie durant. Tout chanoine ainsi installé est aussi investi du titre de chanoine titulaire inamovible, avec tous les droits, honneurs, privilèges, accordés par l'Eglise à ce titre canonial, et son amovibilité ne peut être déclarée que *judicialiter* par le Saint-Siège.

De là il découle que le canonicat exige un titre fondé à *perpétuité* sur une prébende ou bénéfice ecclésiastique, qu'à défaut de ce bénéfice, il n'existe pas de canonicat; et le membre qui serait introduit dans le Chapitre sans être pourvu du bénéfice canonial, étant dépourvu de titre, ne peut pas être titulaire, mais seulement chanoine honoraire.

C'est pourquoi le Souverain Pontife Léon XII, voulant que le Chapitre de Nice fût un Chapitre selon le Concile de Trente et du droit Canon, en 1828 exigea du roi de Sardaigne les prébendes constituant les canonicats, et que ces prébendes ou bénéfices fussent colloqués *in perpetuum* sur des titres nominatifs, perpétuels, immatriculés, au nom du Chapitre cathédral de Nice. Voici l'origine de l'établissement de la cartelle immatriculée au nom du Chapitre de la cathédrale de Nice, pour la nue propriété à ce dernier, et l'usufruit aux neuf chanoines de première fondation dans le Chapitre de Sainte-Réparate à Nice.

Les chanoines qui ont été institués par nomination successive à ceux de première fondation ont encore leur titre sur la cartelle portant le numéro 6,175 que le Gouvernement sarde en vertu du Protocole de la Convention mixte pour la répartition à charge et sous la responsabilité du Gouvernement français a remis à ce dernier le 14 février 1863.

Le Chapitre, par rapport à la propriété se compose de plusieurs prébendes ou bénéfices canoniaux érigés à perpétuité, selon les prescriptions du droit commun canonique, dont la nue propriété est attribuée au corps capitulaire par le seul fait d'érection, pourvu qu'elle soit faite en forme canonique. Pour assurer la perpétuité de ces bénéfices canoniaux, chaque prébende doit être colloquée sur des immeubles, libres de toute charge et hypothèque, ou par hypothèque sur des immeubles garantissant le capital, ou sur des titres nominatifs d'Etat, immatriculés au nom du bénéfice, dont les rentes et arrérages sont perçus par les titulaires canoniquement investis.

Le Chapitre, en tant que corps civilement constitué, peut posséder des immeubles, rentes et pensions, aumônes, à lui transmis comme corps moral, mais le produit alors de ces biens et rentes, en tant qu'appartenant au corps moral et non aux bénéfices canoniaux n'est pas réparti aux membres qui le composent, mais il est retenu pour faire face aux frais de culte lui incombant, aux frais d'administration, et à ceux pour l'acquittement des charges, legs de messes et offices anniversaires imposés au corps par les donations anciennes.

Par déduction de ce qui précède, on est en droit d'arguer que le Chapitre de Nice est une réunion d'individus formant le corps capitulaire *sui generis* et qu'il ne peut pas, et ne doit pas être considéré comme *société civile* dont le but est exclusivement de trafiquer une exploitation industrielle, ou un commerce quelconque pour en distribuer les avantages et les bénéfices aux membres qui la composent : et de ce chef on ne peut lui appliquer la loi du 29 juin 1872, article 1er, § 2.

Malgré cet état *sui generis* constitutif du Chapitre cathédral de Nice et de ces canonicats qui le composent, dont l'ensemble ne présente aucune présomption de *Société-Civile-Commerciale*, dont le but est de donner des dividendes et des intérêts aux membres qui la composent, M. Scoffier, sous-inspecteur de l'Enregistrement, des Domaines et du Timbre, bureau de Nice, par son avis dont le sommier porte le n° 91 et la date du 29 juin 1901, demandait au fondé de pouvoir, trésorier du Chapitre au nom du fisc : 1° l'amende fixée à deux mille francs; 2° la somme de 75 francs, à raison de deux emprunts par les canonicats de Sainte-Agathe, aux termes de deux actes passés, le premier chez Me Muaux, notaire à Nice à la date des 12 et 13 mars 1880; et le second à la date des 15 et 16 mars 1893, reçu Me Sajetto, notaire à Nice.

Sur la réclamation motivée de M. le chanoine Simon, adressée à M. le Directeur général, des Domaines à Paris. Ce dernier conformément à l'information donnée par M. le Directeur de Nice, a décidé que les emprunts contractés par les canonicats de Sainte-Agathe n'étaient pas passibles de la taxe du 4 %.

Cette décision a été communiquée au fondé de pouvoir, trésorier du Chapitre en date du 24 juillet 1901, signé : Cappatti, directeur.

Donc, la Direction générale du fisc à Paris, en reconnaissant le bien-fondé de la réclamation, a confirmé que l'état constitutif du Chapitre et des canonicats qui le composent n'est pas un état commerçant mais tout à fait spirituel, religieux, et par conséquent de ce chef, les canonicats ne sont pas soumis à l'article Ier, § 2, de la loi du 29 juin 1872.

Plus clairement encore le Chapitre de Nice est assimilable aux corps civils des Cours d'appel et des Tribunaux dont les membres et le président composent le corps de la Cour ou du Tribunal. Chaque membre pris en particulier, chacun en sortant de la Cour ou du Tribunal est libre chez soi, retient les appointements, sans rien donner au corps auquel il appartient, et il dépense ses revenus comme bon lui semble. De même les chanoines titulaires, etc., etc.

Au contraire, dans les corps religieux et reconnus, la propriété est attribuée au corps moral et les membres qui le composent ne possèdent rien, et ne peuvent rien transmettre comme individus. En voici la raison appliquée par la définition donnée à l'encontre de la Congrégation religieuse.

« La Congrégation religieuse est une réunion d'individus possédant un caractère commun d'être liés par les mêmes vœux, et d'obéir au même supérieur. Les vœux font les religieux, ce sont les vœux de pauvreté, de chasteté et d'obéissance. L'obéissance au même supérieur crée la Congrégation. Cette Congrégation est dite religieuse parce que son but est religieux. Les vœux relèvent uniquement de la conscience, et engagent une obligation régie exclusivement par le droit divin et ecclésiastique.

Cet ordre religieux (ou Congrégation religieuse), s'il était reconnu par l'ancien Gouvernement sarde en tant que personne morale, civile, par la jonction des nouveaux membres (au décès des anciens) vit toujours et possède l'existence légale en vertu des droits acquis, aussi de par la loi française.

VIII

But du Chapitre cathédral de Nice

Avant que de préciser le but, il convient de définir selon le sens de l'Eglise, qu'est-ce qu'un Chapitre selon le droit commun canonique ?

Bohemer, qui semble avoir résumé toutes les définitions qu'en donnent les canonistes, dit : « Le Chapitre de l'église cathédrale est un collège (ou un corps de personnes revêtues de la même dignité) soumis à l'évêque, mais séparé de lui comme corps, existant sous la direction du président ou doyen séparé de l'évêque et jouissant de la possession de ses droits propres et particuliers, donné en aide à l'évêque, et participant aux actes de l'administration ecclésiastique, consistant et constitué par ceux qui à raison de leur prébende, ou autrement selon la coutume, ont reçu la voix et la stalle en chapitre. »

Cette définition, selon la portée du droit canon, n'a pas besoin de commentaire. Or, passons à spécifier le but, ou soit l'œuvre pour laquelle le Chapitre de Nice a été fondé.

Le but est tout à fait spirituel : Assister au chœur de la cathédrale ; psalmodier ou chanter les heures canoniques du bréviaire romain ; officier aux fonctions religieuses ; chanter des grand'messes, en un mot, présider à l'exercice du culte catholique à la cathédrale, à part les jours de fêtes solennelles réservées à l'évêque, et alors assister ce dernier aux fonctions épiscopales ; former le sénat et le conseil-né de l'évêque, c'est le but que s'est proposé l'Eglise en l'instituant.

L'accomplissement de ces devoirs imposés à chaque chanoine titulaire l'oblige à une résidence fixe et au concours de sa personne pendant les fonctions religieuses ; il est donc bien équitable qu'en retour l'Eglise lui réserve l'émolument affecté à cette obligation ou soit le droit de percevoir le fruit de son bénéfice sans en rendre compte à personne.

QUATRIÈME PARTIE

TITRE 1er

Jurisprudence Sarde

Par la haute souveraineté dont était investie Sa Majesté Victor-Emmanuel Ier, roi de Sardaigne, en rentrant en possession de ses états, en vertu des stipulations intervenues dans les traités de Vienne et de Paris en 1814 ; par son édit du 21 mai 1814 et les édits suivants, il a abrogé dans ses états toutes les lois, décrets, conventions, édits, décisions du Gouvernement de la République française, qui venait de cesser, à partir de septembre 1792 jusqu'au 21 mai 1814 et il y rétablissait les royales constitutions de 1770.

En vertu de la Législation sarde, les Tribunaux de l'ordre civil, les Cours d'appel, les Sénats et la Cour suprême de cassation de Turin, à partir de 1814, ont constamment et péremptoirement tranché par les arrêts intervenus, les prétentions, les contestations et controverses de droit et de fait basées et appuyées sur les lois édictées à l'encontre des territoires sardes par la Révolution française, et abrogées par l'édit du 21 mai 1814, et par les royales patentes qui l'ont suivi.

La jurisprudence sarde a été coordonnée par le célèbre avocat Philippe Bettini. Le recueil de Jurisprudence Bettini jouit du même respect et autorité dans les Etats sardes que celui de Dalloz en France. Nous reproduisons les principaux arrêts de la Cour de cassation de Turin :

1° Affaire entre les religieux de Citaux et la commune de Vico (Piémont) — Dettes anciennes nationalisées ; nationalisation révoquée par la loi sarde, arrêt en date du 25 février 1854 — Bettini, année 1854, 2° partie, page 169 ;

2° Affaire entre l'oncle et neveux Perdigon contre la commune de Touët Beuil (Alpes-Maritimes) — Dettes anciennes des communes avant 1792, nationalisées par la loi de la République Française de 1793, et révoquées par l'édit du 21 mai 1814, arrêt en date du 19 juin 1854 — Bettini, année 1854, 2° partie, pages 538, 539 ;

3° Affaire des Sœurs de la Charité de Cherarco (Piémont) contre la commune de Monbaldone, anciennes créances et dettes des communes. Loi française du 24 août 1793, abrogation-arrêt en date du 26 juillet 1856 — Bettini, première partie, année 1856, page 199 à 220 ;

4° Affaire de la Chapellenie contre Blanchi — Cour de cassation de Turin, en date du 18 avril 1853 — Bettini, année 1853, page 414 à 420 porte : sur le second moyen... attendu que Joseph Blanchi avait

5

déjà proposé dans les conclusions qui précédaient la sentence du Sénat de Nice, en date du 27 décembre 1847, l'exception déduite de la loi française de 1793 et de l'an IX — Que le Ministère public, dans ses conclusions du 21 mai précédent, observait que ces lois étaient éteintes et abrogées à l'époque de la cessation de la domination française, en vertu de l'Edit Royal du 21 mai 1814, que la jurisprudence sarde par application de ce principe avait reconnu l'existence des créances des Chapellenies dont étaient grevés les biens non encore aliénés à l'époque de la publication de cet édit ; qu'en fait il manquait la preuve de la réalisation de l'aliénation des biens ; tandis qu'au contraire on avait la preuve de la continuation de la possession de ces biens, et le payement des rentes, etc... rejette le pourvoi Blanchi.

TITRE II

Jurisprudence Générale Française

LES DROITS ACQUIS EN FACE DE L'ANNEXION

L'état français, en vertu du droit de haute souveraineté dont il était investi en 1860, époque de la réunion à la France de la Savoie et de Nice, aurait pu, à l'encontre de ces deux provinces, abroger toutes les lois sardes, par décret impérial, avant le 1er janvier 1861 ; mais, attendu la disposition de l'article 3 du Sénatus-consulte du 12 juin 1860, le temps fixé pour la promulgation des lois françaises en Savoie et Nice étant périmé, cette loi ne peut plus être édictée.)

Pourquoi cette abrogation des lois sardes n'a-t-elle pas été édictée en temps utile ?

C'est par ce que pendant les pourparlers qui ont précédé l'acte de cession, le roi Victor-Emmanuel II exigea impérieusement que l'annexion fut le résultat du vote libre des Savoyards et des Niçois, par un plébiscite universel en ces provinces, afin de leur permettre d'imposer à la France, comme condition de cette annexion, le respect et le maintien de certaines institutions propres à conserver à leur pays, au sein de la nouvelle patrie, qu'ils allaient lui donner le souvenir et des traces de leur ancienne autonomie.

Ainsi libres de leur sort, les Savoyards et les Niçois, le 29 avril 1860, votèrent presque à l'unanimité leur réunion à la France : mais sous l'engagement d'honneur pris solennellement par l'empereur Napoléon III, le 21 mars 1860, aux Tuileries et devant les quarante notables savoyards et niçois qui lui apportaient les vœux de la Savoie et de Nice, de réaliser leurs espérances.

Le vote du plébiscite du 29 avril 1860 ainsi émis sous cette condition certaine du maintien des droits acquis sur la foi, et un engagement d'honneur du Chef de l'Etat français plaça les personnes civiles dans leurs conditions antérieures et leur en assura définitivement et irrévocablement le maintien.

II

En suite des conventions verbales intervenues et arrêtées dans les pourparlers entre les deux Gouvernements français et sarde, dans sa note du 13 mars 1860 aux puissances étrangères, pour les rassurer sur le nouvel agrandissement de la France et pour désarmer leur oposition M. Thouvenel, ministre des Affaires étrangères, protesta pareillement avec énergie sur l'intention de l'Empereur de ne vouloir tenir la Savoie et le comté de Nice que du libre assentiment du roi de Sardaigne et des populations, en sorte que l'annexion demeura exempte de toute violence comme de toute contrainte :

L'annexion n'étant due qu'au libre assentiment du roi Victor-Emmanuel II et de la population, il était naturel que le traité du 24 mars 1860 stipulat à l'article 5 le principe des droits acquis pour les personnes civiles existantes dans les Etats sardes et que l'article 4 portât que le règlement de diverses questions auxquelles donnerait lieu l'annexion fut arrêté définitivement par les deux Gouvernements contractants. En exécution de cet article 4 du traité du 24 mars 1860, une Commission mixte fut nommée. Le travail de cette commission donna lieu à la convention diplomatique du 23 août 1860 dont l'article 7 porte : les Collèges etc. (p. 34).

Le texte de cet article étant absolument général, embrasse toutes les personnes civiles pouvant acquérir et posséder, reconnues par la loi sarde, et il crée pour elles toutes un droit acquis à l'existence légale et à la propriété.

3° A défaut de décret en France, qui abroge les anciennes lois sardes, par la publication du Sénatus-consulte (rendu exécutoire le 12 juin 1860, par décret impérial) portant article 1er : la Savoie et l'arrondissement de Nice font partie intégrante de l'Empire français, la Constitution et les lois françaises y deviendront exécutoires à partir du 1er janvier 1861 par cette publication la Constitution et le Code français ont été appliqués à la Savoie et à Nice. Or, les jurisconsultes relevant que l'article 2 du Code civil français porte *que la loi ne dispose que pour l'avenir* et n'a point d'effet rétroactif, appuyés sur la doctrine du droit, ont interprété cet article en ce sens qu'une loi nouvelle ne peut en aucune manière et en aucune matière, porter atteinte aux droits acquis et créés sous la protection de la loi précédemment en vigueur.

III

La jurisprudence, dès l'annexion 1860, a maintenu avec une inébranlable fermeté ce principe que la loi étrangère ayant régi un pays annexé à la France, ne peut pas être méconnue ; mais elle devient loi française rapport aux provinces annexées et les tribunaux français par le fait de l'annexion sont seulement substitués à la juridiction sarde pour connaître et juger sur l'exercice de ces droits, mais conformément aux lois sous l'empire desquelles elles ont pris naissance; par la raison que la loi nouvelle ne peut avoir pour effet de substituer le présent au passé sans rien laisser survivre des droits acquis et établis dans le passé.

4° S'il n'existait pas cette disposition protectrice des droits acquis, comment s'expliquer l'existence à Nice et en Savoie de certaines situations qui se maintiennent depuis l'annexion, non par tolérance administrative et en secret, mais au su et vue de tous.

Il existe à Nice un établissement charitable privé d'utilité publique bien connu, la maison de la Providence appelée du nom de son fondateur : les Cessolines. Cet établissement a été fondé et organisé à Nice en 1815, par M. le chanoine Eugène Spitalieri de Cessole.

L'œuvre éminemment humanitaire de ce saint prêtre, a pour but de recueillir les pauvres orphelines dont la vertu est exposée dans le monde, de pourvoir à leur entretien, de les former au travail et à la pratique du bien, avec droit à ces filles, arrivées à la majorité, de décider si elles veulent passer tout le temps de leur vie dans l'Hospice, à charge à la direction de l'œuvre, de placer auprès de gens de bien et honnêtes, celles qui sortiraient de l'établissement.

Le roi Victor-Emmanuel 1er, par décret du 30 octobre 1820, autorisa l'érection de cet asile dans la ville de Nice, approuva les statuts fondamentaux annexés au même décret, confirma l'attribution faite à cette œuvre hospitalière du local jadis occupé par le monastère de la Visitation dit de Saint-François de Sales avec le jardin contigu et les dépendances. D'autre part, la loi du 21 mai 1873, sur les hospices, et celle du 5 août 1879 qui l'a modifiée ne lui étaient pas applicables, aux termes de l'article 8 de la loi précitée du 21 mai 1873, en sorte que cet établissement privé jouissant de la personne civile est encore très règulièrement régi par une loi sarde, non seulement quant à ses biens, mais aussi quant à son fonctionnement et à son administration intérieure excluant toute ingérence de l'administration supérieure gouvernementale. — Voilà un exemple déduit du droit administratif.

Il n'est pas le seul et isolé. Il y a à Nice plusieurs autres établissements privés d'utilité publique qui sont dans la même situation. L'hôpital de la Croix et l'hospice Pauliani.

5° Faut-il aussi produire un exemple constituant un fait qui se rattache au droit civil ?

Une ferme a été vendue en Savoie, par acte sous-seing privé, le 1er août 1860, beaucoup de temps avant que les lois françaises fussent exécutoires dans les territoires annexés, par conséquent demeurant encore sous l'empire des lois sardes. La vente est parfaitement régulière au point de vue du Code civil français même avant le temps fixé par le Sénatus-consulte le 22 août 1860. Mais le Code civil sarde à l'art. 1413, annule toutes les ventes d'immeubles qui ne sont pas intervenues par acte public par-devant notaire, en sorte que, même aujourd'hui, l'acquéreur ne peut pas actionner devant le tribunal français, le vendeur en revendication de l'immeuble qu'il a acheté. Le tribunal, dans le cas, où l'acquéreur doit se déclarer incompétent ou condamner l'acheteur en le déboutant de sa demande, lui infligeant les frais et dépens, en vertu du droit sarde, et la propriété demeure toujours légitimement sur la tête du vendeur.

La loi (dit Dalloz, jurisprudence générale vᵉ lois, nᵒ 207), qui abolit les causes de résolution admises par la législation précédente, n'est pas applicable aux contracts passés sous cette législation. C'est en ce sens qu'il a été jugé, que l'obligation contractée avant le Code civil et sous les lois sardes, qui permettaient d'attaquer *les engagements* du prodigue, antérieurs à son interdiction, *continue d'être régie par ces lois*, encore bien que le prodigue ait été pourvu d'un conseil judiciaire, seulement depuis la promulgation du Code civil (requête 18 novembre 1896), c'est la conséquence du principe général que la mutabilité et l'immutabilité des conventions se règle par la loi du temps où ils ont pris naissance.

Demolombe (tome 1ᵉʳ, nᵒ 41), dit à son tour : « une loi nouvelle paraît qui modifie le Code Napoléon, par exemple, quant aux conditions de la naturalisation en France ou bien quant aux conditions de validité du mariage. Cette loi pourra-t-elle être appliquée aux naturalisations prononcées, ou au mariage célébré sous l'Empire du Code Napoléon ? Non, sans doute, parce que, d'une part, il y a ici un fait accompli et que, d'autre part, ce fait a été le principe générateur, la cause efficiente d'un effet que les parties se proposaient précisément d'obtenir et sur lequel elles ont dû nécessairement compter. Cette nationalité et cet état constituent des droits acquis. »

Aubry et Rau (t. 1, § 30, contre Duverger, de l'effet rétroactif des lois) Revue du droit français 1845, § II, p. 1 et suiv., p. 91 et suiv.) répondent enfin « les mariages valablement contractés continuent de substituer avec tous leurs effets, malgré la survenance d'une loi nouvelle établissant des empêchements qui, s'ils avaient existés antérieurement, auraient fait obstacle à leur validité. »

TITRE III

1ᵒ Considérons maintenant les jugements des Tribunaux, les arrêts des Cours d'appel et de la Cour de cassation ou soit la Jurisprudence *appliquée aux cas particuliers*. Le Journal du Palais et Sirey (V. 1, p. 225, l'an 1900) portent l'extrait d'un arrêt de la Chambre civile de la Cour de cassation française, du 16 juillet 1899, ainsi conçu :

« Attendu que le changement de souveraineté, qui s'est accompli « en vertu du traité du 24 mars 1860, portant réunion de la Savoie et de « Nice à la France n'a apporté aucune modification aux droits résultants « d'actes passés antérieurement par les sujets sardes, et qu'il a eu seu- « lement pour effet de soumettre les contestations relatives à ces droits, « à la juridiction française, qui doit les *juger conformément* aux lois « qui les régissaient avant l'Annexion. »

Dalloz (pour l'an 1862, 1, 355) rapporte le sommaire de l'arrêt de la Cour de cassation du 7 juillet 1862, ainsi conçu : « Le traité du 24 mars 1860 passé entre la France et la Sardaigne et qui subordonne l'exécution à opérer dans l'un des deux pays des jugements rendus par les Tribunaux de l'autre à une demande d'*exequatur*, a conservé sa force pour la France et la Savoie, depuis la réunion de ce dernier pays à la France, à l'égard des jugements antérieurs à cette réunion. « Ainsi, les Savoisiens ont le droit de s'opposer en Savoie à l'exécution des jugements rendus contre eux en France avant la réunion de ces deux pays, si leur opposition rentre dans les termes de la déclaration diplomatique du 23 août 1860, explicatrice du traité de 1860, et si elle est fondée notamment sur l'incompétence du Tribunal français qui a rendu le jugement. » Voici les considérants :

« Attendu que le décret impérial des 11 et 12 juin 1860, portant promulgation du traité relatif à la réunion de la Savoie à la France, *n'a pas eu d'effet rétroactif*;

« Que le changement de souveraineté qui s'est accompli par ce traité n'a porté aucune atteinte aux droits privés antérieurement acquis, et qu'il a seulement pour effet de soumettre l'exercice de ces droits à la juridiction française qui devra les apprécier et les juger conformément aux lois sous l'empire desquelles ont pris naissance. »

2° Voici encore un arrêt de la Cour de cassation du 16 novembre 1868 rapporté par Dalloz (p. 1868, 1, 473) rejettant un pourvoi formé contre l'arrêt de la Cour de Chambéry (Dalloz, p. 1868, 2, 135, affaire Tixier de la Chapelle, contre Domenget) :

« Attendu que ni le décret impérial des 11 et 12 juin 1860, portant promulgation du traité qui réunit la Savoie à la France, ni le Sénatus-consulte du même jour qui incorpore « la Savoie à la France n'ont d'effet « rétroactif et n'ont pu, dès lors, porter atteinte *aux droits* respective- « ment acquis aux sujets des deux pays, lesquels ont conservé les « actions et exceptions qui leur avaient jusque là appartenu et par « conséquent aux droits acquis, aux défendeurs éventuels d'opposer aux « demandeurs sur le territoire où ils ont été rendus l'autorité de la chose « jugée par lesdits arrêts du Sénat de Savoie;

« Attendu que, si la réunion des deux pays a eu pour conséquence « de soumettre aux Tribunaux français, institués à la place des anciens « tribunaux sardes, l'appréciation de l'exception de la chose jugée, « cette exception n'en doit pas moins être appréciée et jugée conformé- « ment aux lois sous l'empire desquelles elle a pris naissance, c'est-à- « dire conformément aux droits des défendeurs éventuels au moment « où la réunion s'est accomplie. »

Le pourvoi était fondé sur la violation des articles 1, 2, 14, 2123 du Code civil ; 546 du Code de procédure ; des actes diplomatiques du 24 mars 1860, 23 août 1860, et sur la fausse application du décret impérial des 11 et 12 juin 1860 et de l'article 1351 du Code civil, en ce que l'arrêt attaqué avait reconnu l'autorité de la chose jugée sur un terrain devenu français à des décisions rendues par les Tribunaux sardes sur le même territoire, soumis alors à la souveraineté sarde et non rendues exécutoires en France.

M. le Conseiller Massé s'exprime ainsi dans son rapport :

« Les actes qui prononcent la réunion d'un pays à un autre sont des
« lois qui, comme toutes les autres lois, n'ont pas d'effet rétroactif et
« ne disposent que pour l'avenir, elles *ne peuvent donc enlever aux*
« *citoyens du pays qui est annexé à un autre des droits privés qui*
« *leur étaient acquis au moment de l'annexion.* »

« C'est ce qui a été jugé en termes exprès par un arrêt de cette
« Chambre, en date du 18 brumaire an XII, rendu sur les conclusions
« conformes de Merlin (question de Droit, voir réunion). Or, quel était
« au moment où est intervenu le décret des 11 et 12 juin 1860, le droit
« acquis aux consorts Domenget en ce qui touche les arrêts rendus à
« leur profit ou au profit de leurs auteurs, par le Sénat de Savoie, contre
« la dame Tixier de la Chapelle ? »

« C'était le droit d'opposer à cette dernière l'autorité de la chose
« jugée par ces arrêts... Ce droit n'a donc pu leur être enlevé par l'an-
« nexion qui, en plaçant la Savoie sous la souveraineté française, ne l'y
« a fait entrer qu'avec les actions et les exceptions qui appartiennent
« aux sujets sardes. »

2° Dalloz, 1871, p. 2, 33, donne le restreint d'un arrêt de la Cour d'appel d'Aix, de décembre 1869, lequel décide que la validité de l'hypothèque légale d'une femme mariée dans le Comté de Nice avant l'annexion 1860 à la France, doit être appréciée d'après les dispositions du Code civil sarde. Cette jurisprudence a été adoptée par la Cour suprême dans son arrêt du 13 mai 1883 (Dal., an 1883, 1, 183). Il s'agissait d'un legs fait sous condition de viduité. La succession s'était ouverte à Nice en 1859. On invoquait l'article 300 du Code civil, la condition devant être considérée comme ne pouvant continuer à avoir effet en tant que contraire à l'ordre public et aux bonnes mœurs. L'arrêt renferme ce considérant :

« Attendu qu'en principe, le respect de loi ancienne d'un pays
« annexé s'impose d'office aux tribunaux français lorsqu'il s'agit de
« faits accomplis et d'intérêts nés avant l'annexion. Attendu que si la
« promulgation du *Code Albertin* en Savoie a, quant aux formalités
« de l'inscription, substitué les dispositions de ce Code, à celle de la loi
« sarde, elle n'aurait pu, sans violer d'une façon manifeste le principe
« de la non-rétroactivité des lois, modifier le droit lui-même, tel qu'il
« avait été établi en conformité des prescriptions de la loi sous laquelle
« elle était passée. »

3° Sirey (an 1885, 2, 24) et la *Gazette des Tribunaux* (13 février 1885) relatent un arrêt de la Cour de Chambéry qui donne une solution aux mêmes principes des droits acquis dans une affaire de nullité de mariage contracté sous la loi sarde.

Un époux, marié en 1855, sous la loi sarde, par conséquent sous l'empire du droit Canon, demandait aux tribunaux français au point de vue civil la nullité de son mariage, déjà prononcée antérieurement par la Congrégation du Concile à Rome, au point de vue religieux.

Il demandait cette nullité en invoquant un empêchement dirimant admis par le droit Canon, mais non reconnu par la loi française. Il s'agissait de savoir dans ce débat tenant essentiellement à l'ordre public, si les tribunaux français pouvaient appliquer à l'union dont la nullité était réclamée, les dispositions de la loi sarde, contraire sur ce point à la loi française.

La Cour de Chambéry, en audience solennelle, dans son arrêt du 7 février 1885, a déclaré nul ce mariage par les considérants qui suivent :

« Attendu que X... a soutenu, et que le tribunal de Saint-Julien, « faisant droit à ses conclusions, a décidé en droit que la loi sarde, « rapportant la loi Canonique n'avait pas cessé de régir, au point de vue « des conditions de validité, le mariage du 21 avril 1855 ; que cette « loi constituait un statut personnel auquel, malgré son changement de « nationalité, X... était resté soumis quant à son mariage, et que son « droit d'en poursuivre la nullité était pour lui un *droit acquis*, à l'exer- « cice duquel ne pouvait faire obstacle la loi française, sans violer le « principe de la non-rétroactivité consacré par cette loi elle-même. »

« Attendu que le Ministère public repousse ces conclusions en sou- « tenant que si le mariage de X... peut être entaché d'une nullité absolue, « ce mariage ne saurait cependant être considéré comme inexistant, « que, pour cesser de lier les contractants, il était indispensable que « la nullité fut judiciairement prononcée, que la loi sarde n'accordait « en réalité à X... que la faculté de poursuivre la prononciation de cette « nullité, l'exercice d'une action de cette nature comme dans toutes « autres pouvait bien avoir pour résultat l'acquisition d'un droit, mais « qu'elle ne saurait être par elle-même ce que la loi appelle un droit « acquis, et que X... n'ayant pas exercé cette action sous l'empire de la « loi sarde, n'y était plus autorisé par la loi française dont les disposi- « tions n'admettent pas les causes de nullité qu'il invoque. »

« Attendu que cette argumentation ne saurait prévaloir en présence de ce principe général consacré par le droit civil français, que *pour apprécier les conditions de validité d'un acte* spécialement au point de vue de la capacité des parties contractantes, on doit appliquer *les pres- criptions de la loi veillante à l'époque où l'acte s'est formé*; que ce principe, suivant une doctrine ancienne, est essentiellement applicable au mariage, que si la loi postérieure peut subordonner la recevabilité de l'action en nullité d'un mariage à des conditions nouvelles de délais ou de diligence, dépendant de la volonté des parties, il est impossible

de ne pas reconnaître que si de telles exceptions n'ont pas été consacrées par cette loi, *un mariage valable ou nul hier, est encore valable
ou nul aujourd'hui,* nonobstant *le changement de législation,* et que sous
ce rapport, la situation légale des parties, quant à ce mariage, ne peut
être modifiée, qu'elle constitue par elle-même un droit acquis dont le
principe de non rétroactivité des lois permet *même sous l'empire* de la
loi nouvelle, de poursuivre la constation et d'invoquer judiciairement
les conséquences, etc. »

4° *La Revue Administrative du Culte catholique,* livraison de
février 1897, p. 44, relève la décision du Conseil d'Etat statuant au
Contentieux, le 8 août 1892, et par décision du 24 décembre 1894, conforme à la jurisprudence des tribunaux civils. Le Gouvernement français
par soins de M. le Ministre des Cultes, pour enlever aux chanoines du
Chapitre de Saint-Jean-de-Maurienne, qui n'ont plus de traitement
depuis la loi des finances 1885, leurs droits dans la Cartelle (titre de
rente italienne) délivrée par le Gouvernement sarde au Chapitre en
représentation de la valeur de ses biens sécularisés, et remise après
l'annexion au Gouvernement français. M. le Ministre des Cultes soute-
nait précisément que le régime général de la Savoie et du Comté de
Nice ne saurait différer de celui des autres diocèses de France. La
demande des chanoines de Saint-Jean-de-Maurienne, disait-il « aurait
pour effet de placer les requérants en dehors de l'application des lois
qui régissent l'organisation et l'exercice des Cultes, ce qui équivau-
drait à reconnaître l'existence sur le territoire français d'une sorte
d'enclave jouissant d'une législation et de privilèges spéciaux. »

Le Conseil d'Etat a victorieusement alors repoussé l'objection qui
sert de base à son récent avis du 24 décembre 1896, et par son arrêté du
8 août 1896, il a reconnu que la cartelle en litige n'avait pas cessé de
constituer, au profit du Chapitre, une propriété véritable qui s'imposait
au respect du Gouvernement. Donc, il est bien affirmé par la Jurisprudence constante, uniforme de la Cour de cassation, des Cours
d'appel, des Tribunaux civils et des Tribunaux administratifs eux-
mêmes, que la loi sarde pour les droits et actes antérieurs à l'annexion
ce n'est pas une loi étrangère. C'est une loi française, comme l'affirmait,
le conseiller M. Babinet dans le rapport dressé à l'occasion de l'arrêt
de la Cour de cassation du 22 janvier 1883. Cet argument est si décisif
qu'il a déterminé le Conseil d'Etat de la haute assemblée de le reproduire
deux fois dans le premier et le dernier de ses motifs. Car ce n'est que
par application de la loi française qu'on peut saisir les tribunaux
français institués à la place des anciens tribunaux sardes pour connaître et juger, sous son empire, les situations et les droits établis sous
une législation précédente.

TITRE IV

Nous avons prouvé que les principes de la non-rétroactivité des lois françaises étaient applicables aux droits acquis en général aux citoyens sardes devenus Français par l'annexion de 1860. Il nous reste à étudier si les mêmes principes des droits acquis sont applicables à la propriété de ces citoyens et des personnes civiles. La jurisprudence des Tribunaux va nous en fournir une preuve péremptoire.

Cette jurisprudence, en plusieurs ordonnances, jugements et arrêts, a constamment appliqué ces principes aussi au droit des propriétés des biens ecclésiastiques possédés par des établissements publics ou privés, corps moraux d'utilité publique existant en Savoie et à Nice, pourvu qu'ils eussent été constitués d'après la loi sarde en personnes civiles pouvant acquérir et posséder, et par là, elle a toujours et constamment affermi l'article 2 du Code civil « que la loi ne dispose que pour l'avenir. »

Par conséquent, le Chapitre, le Séminaire, la Cure, le Couvent, le Monastère autorisés à Nice par l'ancienne loi sarde, sont propriétaires des biens ecclésiastiques inscrits à leur cote sur le Cadastre, et de ceux dont ils payent la main-morte, en vertu de la loi française et au même titre que Jacques, Pierre et Paul. Qu'est-ce qu'on pourrait dire si l'on contestait à Pierre, à Paul, à Jacques, hier sujets sardes, et aujourd'hui devenus français, la propriété de leur maison, de leurs champs ou de leur vignoble qu'ils possédaient avant le 1860, et aujourd'hui, sous prétexte que la loi française ne reconnaît pas la validité du mode d'acquisition, portée par les articles du Code sarde, en vertu desquels ont acquis ces propriétés ? La même solution doit avoir lieu pour les personnes morales qui sont propriétaires en vertu des lois sardes.

Si une telle contestation venait à être soulevée et portée par-devant les Tribunaux, ces derniers remplaçant les juges sardes pour le fond et pour la forme appliquant l'article 2 du Code civil français, décideraient qu'il « ne peut exister en France deux espèces de droit de propriété, l'un pour les particuliers, l'autre pour les personnes morales.

2° Cette thèse a été confirmée (contrairement à l'Avis récent du Conseil d'Etat en date du 10 janvier 1900 qui ne reconnaît ni les personnes composant le Chapitre de Nice constitué d'après les lois sardes, ni les biens lui appartenant) par la jurisprudence dont nous extrayons les arrêtés.

3° Le *Journal des Cours de Grenoble et de Chambéry* (pr 1865, page 295) relate l'arrêt de la Cour de cassation du 17 novembre 1863, dans l'espèce intéressant les biens du Séminaire de Saint-Jean-de-Maurienne, pose nettement le principe, que la propriété des biens ecclésiastiques en Savoie continue à être régie, après l'annexion par la législation sarde et spécialement par le billet royal du 27 juin 1815 et par le Concordat avec la Cour de Rome du 28 mai 1828.

4° Un jugement (selon le même *Journal des Cours de Grenoble et de Chambéry* pour l'année 1867, p. 132) du Tribunal de Saint-Jean-de-Maurienne, du 24 mars 1866 et un arrêt de la Cour d'appel de Chambéry du 15 janvier 1867, ont décidé que les biens appartenant au bénéfice-cure avant la Révolution de 1792, ont fait retour de plein droit à ce bénéfice-cure par le seul fait de la promulgation en Savoie, de l'édit du 21 mai 1814, s'ils n'ont pas été aliénés pendant la Révolution ; et qu'on ne saurait considérer comme aliénation dans le sens de cet édit royal, l'incorporation momentanée au domaine de l'Etat par suite des lois générales. Voici les motifs :

« Attendu qu'il est constant que les immeubles revendiqués, inscrits au Cadastre au nom du bénéfice-cure, n'ont pas été aliénés pendant qu'ils ont fait partie du domaine de l'Etat, et qu'ils ont fait retour, dès lors, de plein droit à leur ancien propriétaire, soit au bénéfice-cure par suite de la promulgation, en Maurienne, de l'édit du roi de Sardaigne, en date du 21 mai 1814 ; que par le fait même de cette promulgation, le bénéfice-cure de Lons-le-Villard, supprimé par les lois de la Révolution, a recouvré son existence telle qu'il l'avait auparavant, et, en même temps, la pleine et entière propriété des immeubles dont il avait été dépossédé et non encore aliénés : qu'il ne peut y avoir le moindre doute sur ce point, en vue des nombreux arrêts du Sénat de Savoie et de la Cour de Chambéry, arrêts fondés notamment sur le susdits édit de 1814, sur la circulaire du Sénat de Savoie, en date du 30 juillet 1816, et sur le manifeste sénatorial du 22 août 1825, qui, en organisant les Fabriques, abolies en 1814, *a maintenu en faveur des bénéfices-cures le droit aux biens de l'ancienne cure qui n'avaient pas été aliénés* ; qu'en l'espèce la question se réduirait au point de savoir si, à la Restauration, les immeubles revendiqués étaient ou non aliénés, et qu'il est constant au procès que cette aliénation n'avait pas eu lieu...

5° Dalloz pour 1880, 3, 82. Un jugement (dit) remarquable a tranché la question et c'est le suivant du Tribunal de Chambéry du 4 février 1880, dit :

« Attendu qu'en vue des conclusions respectivement prises par les parties, la question soumise à la décision du Tribunal est celle de savoir à qui de la commune de Sonnaz, ou de la Fabrique, appartient la propriété de la place qui se trouve devant l'Eglise, place inscrite sous le numéro 225 de l'ancien cadastre et sous le numéro 718 du nouveau ;

« Attendu que la Fabrique, fondant son droit de propriété exclusivement de la place dont il s'agit et par voie de conséquence, des platanes qui s'y trouvent, sur ce que *les lois sardes en vigueur à l'époque où l'Eglise a été construite, soit en 1842, reconnaissent aux Fabriques à l'exclusion des communes, le droit de propriété des églises et de leurs dépendances*, il est le cas d'examiner avant tout si, en droit, cette prétention est fondée ;

« Attendu qu'avant la Révolution française, les Fabriques n'existaient pas dans les Etats sardes comme en France ; que les églises et leurs dépendances étaient la propriété des *bénéfices*, et portées ordinairement au Cadastre en leur nom ; qu'en 1814 et 1815 l'ancien droit a été remis en vigueur, mais qu'il a été modifié par deux dispositions législatives très importantes, *les lettres-patentes du 5 avril 1825*, et le manifeste sénatorial du 22 août même année ; qu'il résulte à l'évidence de ces deux dispositions, et notamment des articles 2 et 5 du manifeste, *que la propriété des églises et de leurs dépendances a été attribuée d'une manière exclusive aux Fabriques*, qui ont été chargées de grosses réparations, le concours des communes ne pouvant être exigé que si les ressources de la Fabrique ne suffisaient pas pour les réparations ou reconstructions; que la propriété des églises et de leurs dépendances a formé alors principalement le temporel de la Fabrique, et que la loi communale sarde de 1848 n'a en rien modifié ce droit de propriété ; que c'est dans ce sens que la Cour de Chambéry a interprété les lettres-patentes du 5 avril 1825 et le manifeste sénatorial du 22 août même année et que ces décisions sur ce point ont été consacrées d'une manière formelle par deux arrêts de la Cour de cassation de Turin des 15 et 18 décembre 1858 ; qu'il ne peut dès lors être douteux que, *sous l'empire de la loi sarde, les églises et leurs dépendances étaient la propriété des Fabriques et non des communes* ; qu'il doit en être ainsi de la propriété de l'Eglise de Sonnaz et de la place qui en forme une dépendance, du moment qu'elle a été construite en 1842, et qu'appartenant alors à la Fabrique, il n'est point justifié que cette dernière ait été depuis cette époque dépouillée du droit de propriété qui lui appartenait ;

« Attendu, enfin, que l'annexion de la Savoie à la France a trouvé *les Fabriques propriétaires des églises et de leurs dépendances;* que rien n'établit qu'elles aient été dépouillées alors d'un droit de propriété incontestable, *le fait de l'annexion n'ayant pu porter atteinte à des droits légalement acquis;* qu'aucune disposition législative n'est d'ailleurs intervenue alors en ce qui concerne les Fabriques et qu'on doit en conclure que si, pour l'avenir, les lois françaises sur cette matière doivent servir de règle, les droits acquis ont dû rester à l'abri de ces dispositions ; qu'il doit d'autant plus en être ainsi que si, en France, les églises et leurs dépendances sont généralement considérées comme appartenant aux communes, c'est moins en vertu de loi précise qu'en vertu d'une jurisprudence constante du Conseil d'Etat, jurisprudence basée sur ce que la propriété des églises avait été attribuée aux communes avant le Concordat, circonstance qui ne peut être invoquée en ce qui concerne les Fabriques dans la loi sarde.

5° Selon le même *Journal des Cours de Grenoble et de Chambéry* pour l'année 1887, le Tribunal de Saint-Jean-de-Maurienne, par jugement en date du 15 juillet 1887, a, dans le procès intenté par la commune de Saint-Jean-d'Arves contre la Fabrique de la paroisse du même nom condamné la commune par les considérants ci-après :

« Attendu que *l'inscription au cadastre de 1729* au nom de la cure de Saint-Jean-d'Arves, forme en sa faveur *une présomption de propriété qui ne doit céder que devant un titre formel ou la prescription trentenaire ;*

« Attendu que, sans contester ce principe, la commune excipe d'abord que la Fabrique n'est point subrogée à l'inscription de la cure ;

« Attendu que l'argumentation de la demanderesse, basée sur l'application en Savoie des lois révolutionnaires françaises, est sans portée ; qu'il n'y a pas à examiner si, à une époque quelconque, lesdites lois ont attribué à la commune la propriété des anciens biens de la cure ; qu'il est certain, en effet, que *ces biens n'ayant pas été aliénés par le Gouvernement français, ont fait retour à l'église paroissiale aux termes du manifeste sénatorial du 22 août 1825 ;*

« Attendu que l'article 1er du dit manifeste dispose que les biens provenant de l'ancienne cure ou vicariat qui n'avaient pas été aliénés, continueront à faire partie du bénéfice-cure ou vicariat ; que ce texte législatif a toujours été interprété par la jurisprudence savoisienne en ce sens que *les cimetières et les églises inscrits à l'ancien cadastre au nom de la cure d'une paroisse lorsqu'ils n'ont pas été aliénés pendant l'occupation française au profit des particuliers, sont restés propriété de l'église paroissiale et sont administrés par le Conseil de Fabrique »,* etc.

Condamne, etc.,

La Cour de Chambéry, par son arrêt du 28 juin 1888, a confirmé cette décision.

« Attendu que Féjoz, en sa qualité de trésorier représentant la Fabrique de la paroisse de Saint-Jean-d'Arves, justifie suffisamment d'une présomption de propriété en sa faveur sur toute la parcelle inscrite au cadastre communal sous le n° 2009 ; qu'il y a lieu d'adopter à cet égard les motifs des premiers juges ;

« Attendu que le jugement déféré vise encore avec raison que cette présomption ne peut céder que devant un titre formel ou une possession trentenaire, dont il appartient à la commune demanderesse de se justifier ;

« Attendu que Louis Arlaud, en sa qualité de *maire de la commune de Saint-Jean-d'Arves, n'invoque aucun titre de propriété, déclare renoncer à* TOUS *droits sur la partie de la parcelle 2009, occupée par l'église, le cimetière, le presbytère et le cimetière y attenant,* mais il prétend que, par un usage immémorial, la commune a prescrit à son profit la propriété ou tout au moins la co-propriété du restant de cette parcelle formant place publique devant l'église, ou même un droit de servitude... » Suivent des motifs dans lesquels la Cour examine les divers faits introduits par la commune en ce qui concerne la place publique seulement. L'arrêt les écarte comme non pertinents.

Pourtant il y a lieu de relever en ces débats que la commune plaidant par autorisation du Préfet n'a pas soulevé la question de propriété de l'église, du cimetière, du presbytère et du jardin contigu et attenant.

C'est une preuve que l'administration préfectorale admettait que les inscriptions à l'ancien cadastre étaient une présomption suffisante pour établir au nom de l'église la propriété.

Signalons enfin l'arrêté de la Cour de Chambéry, rendu le 1er juillet 1903, dans l'affaire du Chapitre de Nice contre la commune d'Aspremont dont voici la teneur :

COPIE D'ARRÊT DU 1er JUILLET 1903

Entre :

Le Chapitre de la cathédrale de Nice, poursuites et diligences de son trésorier, chanoine Simon, et au besoin de tous les chanoines titulaires, demandeur et appelant, partie de Me Finet, avoué, plaidant par Me Bourgeois, avocat ;

Et la commune d'Aspremont (Alpes-Maritimes) représentée par son maire, défenderesse et intimée partie de Me Orsat, avoué, plaidant par Me Seligmann, avocat du barreau de Paris.

La Cour,

Ouï, aux audiences publiques solennelles des vingt-neuf et trente juin mil neuf cent trois, les avoués et avocats des parties en leurs conclusions et plaidoiries ;

Ouï, à l'audience de ce jour, M. le Procureur Général en ses conclusions orales et motivées ;

Après en avoir délibéré suivant la loi ;

Vu l'arrêt de la Cour de Cassation, en date du vingt-cinq février mil neuf cent deux, attribuant compétence à la Cour de céans, pour statuer sur l'appel émis par le Chapitre de la cathédrale de Nice contre le jugement du Tribunal de Nice, du neuf mai mil huit cent quatre-vingt-dix-huit ;

Attendu que devant les premiers juges, les appelants demandaient à la commune d'Aspremont le renouvellement du titre (déjà renouvelé par acte du vingt-un janvier mil huit cent soixante-huit), d'une rente dont ils se prétendaient créanciers et les arrérages de cette rente depuis le vingt-un janvier mil huit cent quatre-vingt-seize ;

Que la commune leur ayant apposé la libération résultant pour elle du décret du vingt-quatre août dix-sept cent quatre-vingt-treize, ils ont prétendu que l'acte du vingt-un janvier mil huit cent soixante-huit contenait une cause nouvelle d'obligation.

Que devant la Cour, ils reconnaissent que le dit acte qui est purement recognitif ne pouvant faire revivre une obligation éteinte, mais ils soutiennent que la commune libérée en mil sept cent quatre-vingt-treize est redevenue débitrice en vertu des lois sardes sous l'empire desquelles les parties ont été placées pendant la période de mil huit cent quatorze à mil huit cent soixante ;

Qu'en cet état de la cause la commune prétend : 1° que les appelants sont irrecevables à invoquer ce nouveau moyen ; 2° que la Cour n'est pas compétente pour en apprécier la valeur ;

Attendu sur le premier point, qu'il est de principe que si, en appel, les parties ne peuvent former aucune demande nouvelle, elles ont, à moins d'une exception formellement écrite dans la loi, le droit d'invoquer à l'appui de la demande originaire des moyens différents de ceux qu'elles ont fait valoir en première instance ;

Que dans l'espèce, la demande est restée la même et qu'aucun texte de loi n'interdit aux appelants l'emploi d'un moyen nouveau ;

Sur la compétence,

Attendu que si les appelants contestaient la nationalisation de la dette de la commune par le décret du vingt-quatre août mil sept cent quatre-vingt-treize, la Cour devrait ou se déclarer incompétente ou surseoir à statuer jusqu'à ce que la question ait été tranchée par l'autorité administrative ;

Mais que pas plus en appel qu'en première instance, les appelants n'ont essayé de soutenir que la commune n'avait pas été libérée par le décret précité ;

Que la question soumise à la Cour est celle de savoir quels sont les droits et obligations résultant pour les parties de la législation sarde pendant la période de mil huit cent quatorze à mil huit cent soixante et quelles sont les modifications que l'annexion de mil huit cent soixante aurait apportés à leurs droits respectifs.

Que cette interprétation d'une législation étrangère et de la loi d'annexion est du ressort de l'autorité judiciaire ;

Au fond,

Attendu que par acte notarié du seize octobre mil six cent soixante-seize, la commune d'Aspremont aurait emprunté au chanoine Torrini la somme de cinq cents doubles d'or et s'était engagée à lui servir en échange une rente perpétuelle de vingt doubles (soit en monnaie actuelle trois cent soixante-sept francs soixante-cinq centimes), que par testament du douze juin mil sept cent sept le chanoine Torrini avait légué cette rente au Chapitre des chanoines de Nice ;

Que la légimité de la dette originaire de la commune n'est pas contestée ; que les arrérages de la rente ont été payés au Chapitre jusqu'en 1792 ;

Attendu qu'en 1792 le comté de Nice ayant été annexé à la France, le décret du 4 novembre 1793 nationalisant les biens du Clergé lui fût immédiatement appliqué ; que l'Etat français devint ainsi propriétaire de tous les biens du Chapitre et par suite créancier de la rente due par la commune d'Aspremont ;

Que la commune a été libérée par le décret du 24 août 1793 et que les effets légaux de cette libération ont duré pendant toute la période de la domination française ;

Mais que le territoire de Nice ayant été rendu au roi de Sardaigne par le traité du 30 avril 1814, les parties depuis cette date ont été soumises aux lois sardes ;

Que pour faire de ces lois une exacte interprétation, il convient de préciser que sous le régime sarde de 1814, le roi exerçait le pouvoir souverain dans toute sa plénitude qu'il *faisait seul* les lois et que sous quelque dénomination que parûssent les actes émanés de sa volonté : lettres, patentes, édits ou billets royaux, ils avaients tous la même force exécutoire et obligeaient également tous ses sujets ;

Attendu que dès qu'il eut recouvré Nice et la Savoie, le roi de Sardaigne s'empressa d'anéantir, dans la mesure du possible, les effets des lois françaises *dans ses deux provinces*; que sa volonté à cet égard, est clairement manifestée par les édits du 21 mai et 28 octobre 1814 ; qu'en ce qui concerne spécialement les biens ecclésiastiques, il prononça par un billet royal du 27 juin 1815 la révocation de toutes les concessions qui en auraient été faites à titre non onéreux par le *Gouvernement antérieur*, son but étant ainsi qu'il le déclarait expressément « *d'indemniser tous ceux qui avaient été lésés par de telles concessions* » ;

Attendu en fait, que le Chapitre de Nice avait été dépossédé de sa rente sur la commune d'Aspremont sans recevoir aucune indemnité; que d'autre part la Commune avait été libérée de sa dette sans rien payer ; qu'il est reconnu qu'elle est toujours restée en possession des biens; que l'Etat français aurait pu s'approprier jusqu'à concurrence de la dette en vertu de l'article 91 du décret du 24 août 1793 et par la manière dont ils avaient été exécutés, le Chapitre de Nice et la commune d'Aspremont se trouvaient l'un à l'égard de l'autre dans la situation que le souverain déclarait vouloir faire cesser ;

Que le billet royal du 27 juin 1815 a donc réintégré le Chapitre dans les anciens droits, sans qu'il ait été nécessaire de le constater par aucun autre acte ; que ces effets légaux du billet royal ne pouvaient pas être contestés, et ne l'ont pas été ; que pendant les premières années qui l'ont suivi, la commune a payé la rente au Chapitre avec approbation de l'intendant, conformément aux règles qui régissaient alors la comptabilité des communes ;

Mais qu'en 1822, les administrateurs de la cathédrale de Nice, ayant élevé des prétentions à la propriété de la rente, il s'ensuivit un procès entre la cathédrale, le Chapitre et la commune qui avait profité de ce conflit pour suspendre le paiement des arrérages; que ce procès, qui paraît avoir duré plus de vingt ans, fut terminé par deux transactions; la première entre la cathédrale et le Chapitre reconnaissant les droits du Chapitre à tous les arrérages échus, ou à échoir à partir de 1833, mais attribuant à la Fabrique de la cathédrale les arrérages antérieurs; la seconde, entre la Fabrique de la cathédrale et la commune d'Aspremont et fixant à 3,200 francs la somme due par la commune pour les arrérages échus en 1833;

Que cette dernière transaction qui emportait nécessairement la reconnaissance de la dette par la commune fut successivement approuvée par l'intendance générale et par le Conseil d'Etat et enfin sanctionnée par un billet royal du 25 octobre 1845.

Attendu que si la prétention actuelle de la commune d'Aspremont avait été soumise à un tribunal sarde, avant l'annexion de 1860, elle aurait dû être repoussée par deux moyens également péremptoires, l'un tiré du billet royal du 27 juin 1815 et l'autre de la reconnaissance qu'elle même avait fait de sa dette, avec toutes les approbations qui en assuraient la validité.

Que la même solution s'impose aujourd'hui aux tribunaux français.

Attendu en effet que le traité du 24 mars 1860 n'a pas porté atteinte à aucun des droits acquis en vertu de la législation sarde aux habitants des pays annexés, que l'article 7, qu'il importe particulièrement de retenir, porte que : « Les collèges et tous autres établissements publics existants dans la Savoie et l'arrondissement de Nice, constitués d'après les lois sardes, en personnes civiles pouvant acquérir et posséder conserveront la propriété de tous leurs biens meubles et immeubles. »

Attendu que l'expression « tous leurs biens meubles et immeubles » désigne l'intégralité du patrimoine et par conséquent les créances; que d'autre part, il est certain que d'après les lois sardes, les appelants jouissaient de la personnalité civile; qu'ils n'ont par conséquent perdu aucun de leurs droits contre la commune.

Sur la demande en dommages-intérêts formée par les appelants.

Attendu qu'elle n'est pas justifiée ;

Par ces motifs,

Visant le renvoi prononcé par l'arrêt de la Cour de cassation, en date 25 février 1902;

Réformant et faisant ce que les premiers juges auraient dû faire;

Ordonne que la commune d'Aspremont passera titre nouvel de la rente en remplacement de celui passé devant Mᵉ Arnulf, notaire, le 21 janvier 1868, et ce, dans le délai de quinzaine, à partir de la signification de l'arrêt intervenu, et que faute de ce faire, l'arrêt en tiendra lieu ;

La condamne à payer au Chapitre toutes les annuités courues depuis le 21 janvier 1896, à raison de 367 fr. 65, par an;

Rejette toutes autres conclusions des parties, condamne la commune intimée en tous les dépens de première instance et d'appel y compris ceux exposés devant la Cour d'appel d'Aix, à l'exception des coûts et cours de l'arrêt cassé qui demeurent à la charge de l appelant ;

Donne main-levée de l'amende. Ainsi jugé et prononcé, au Palais de Justice à Chambéry, à l'audience publique et solennelle du 1ᵉʳ juillet 1903.

Signé : *Pour le premier président*, LABUSQUETTE.
Signé : *Le greffier en chef*, BLANCHARD.

6

TITRE V

Jurisprudence Française

Dans la 3ᵉ partie, § VI, sous le texte convention internationale du 23 août 1860 (p. 34), à l'article 3, il est fait mention des corps religieux supprimés par la loi sarde du 29 mai 1855. Elle avait attribué leurs biens à une personne civile déterminée. La Caisse ecclésiastique, créée par l'article 4 de la même loi. Le Gouvernement sarde, en 1860, attribuait ces biens existant à Nice et en Savoie, sous certaines charges, à l'Etat français.

Pour faire une exacte interprétation des droits que cette loi de 1855 accorde aux membres des Congrégations dissoutes, il est nécessaire de rapporter le texte des articles y concernant :

ART. 1ᵉʳ. — Les Membres actuels dont il s'agit et notamment ceux des Oblats de Sainte-Marie, cessent d'exister comme êtres moraux reconnus par la loi civile.

ART. 4. — Les biens de ces corps moraux sont affectés à une Caisse spéciale dite Caisse Ecclésiastique.

ART. 9. — Les Membres actuels des maisons dont il s'agit à l'article 1ᵉʳ, qui y auront été reçus antérieurement à la présentation de cette loi au Parlement, et qui continueront à vivre en commun, selon leur institution, dans les établissements qu'ils occupent actuellement, ou dans tels cloîtres qui seront destinés à cet effet par le Gouvernement, après avoir ouï l'Administration de la Caisse ecclésiastique, recevront annuellement de cette Caisse un revenu correspondant à la rente nette actuelle des biens maintenant possédés par les maisons respectives, pourvu que ce revenu n'excède pas la somme annuelle de lires 500, pour chaque religieux ou religieuse profès; et de lires 240 pour chaque laïque ou convers. — Chacune des communautés ainsi composées aura, en jouissance, outre l'édifice destiné au logement, le jardin et autres dépendances comprises dans le cloître.

ART. 17. — Nonobstant la disposition de l'article 1ᵉʳ, les membres des maisons religieuses qui cessent d'être reconnus comme êtres moraux, pourront faire en commun les actes nécessaires pour pourvoir à leur subsistance et au service du culte, et, pour cet effet, ils seront représentés par les chefs religieux respectifs, selon la règle de leur institution.

Par les autres articles suivants, il est établi aussi la vie commune, la soumission à des vœux, à une règle, à des statuts et la poursuite d'œuvres communes, etc., etc., etc.

Ces droits sont acquis sous l'empire de la loi sarde de 1855, et retenus et possédés, en vertu de la Convention Internationale, par les *Religieux Incamérés*.

Or, la France, qui en vertu de l'article 5 de la susdite Convention Internationale, succède aux droits et aux obligations de la Sardaigne, peut-elle, par les lois de 1901 et 1903, édictées contre les Congrégations Religieuses, méconnaître et abroger les droits acquis par les Religieux Oblats de Saint-Pons de Nice, sous l'empire des lois sardes de 1855, et reconnus par la Convention Internationale de 1860?

Le Tribunal de première instance de Nice, jugeant correctionnellement, par application des principes de la non rétroactivité des lois et par le respect des droits acquis, avec son indépendance coutumière, éclairé d'ailleurs et approfondi dans le droit international, a tranché péremptoirement le différend, par son jugement en date du 16 décembre 1903.

Par lequel acquitte.

Par ce jugement, le Tribunal civil de Nice enrichit la Jurisprudence française d'un nouveau fleuron et d'une couronne plus illustre encore.

Rapport à la Jurisprudence française, nous disons : « Et hic finis, et hic finis coronat opus. »

JUGEMENT CORRECTIONNEL

En l'audience publique du 16 décembre 1903, la troisième Chambre du Tribunal de première instance de Nice (Alpes-Maritimes) jugeant correctionnellement, tenue par MM. Jules Truc, vice-président; Paul de Catalogne, Henri Appleton, juges; présents: MM. Laugier, substitut du Procureur de la République ; D. Anfossi, commis-greffier, a rendu le jugement suivant :

Entre : M. le Procureur de la République, près le Tribunal, demandeur par exploit du 4 décembre 1903, enregistré ;

Et : 1° Awaro Antoine, 69 ans, supérieur de la Congrégation de la Vierge Marie, né à Bricherasio (Italie) le 23 juillet 1834, de Jacques et de Marie Badariotti ;

2° Giordano Félix, 90 ans, père oblat, né à Turin (Italie) ; de Jean-Baptiste et de Dubois Rosalie ;

3° Ferrero Vincent ;

4° Chiappa François ;

5° Michel André, 65 ans, cuisinier, né le 18 décembre 1838, à Aspremont (Alpes-Maritimes); de Pierre et de feue Rose Cotto ;

6° Chiavasso Jean-Baptiste, 58 ans, né le 27 septembre 1852 à Turin; de Joseph et de Minerella Dominique, frères oblats non détenus, célibataires.

A l'appel de la cause, il a été fait lecture par le greffier de l'assignation signifiée aux prévenus, à comparaître par-devant le Tribunal correctionnel séant à cette audience pour répondre sur le fait de :

Infraction à la Loi du 1er juillet 1901 sur les Congrégations

Les prévenus Giordano, Ferrero, Chiappa et Chiavasso font défaut ;

Les prévenus Awaro et Michel ont comparu à cette audience et ont été intérrogés ;

Le témoin assigné a été entendu en sa déposition, après avoir fait serment de dire toute la vérité, rien que la vérité.

Le Ministère public a résumé l'affaire et requis contre les prévenus l'application des articles 8, 13, 16 et 18 de la loi du 1er juillet 1901 du Code pénal.

Les prévenus présents ont été entendus en leurs réponses et moyens de défense.

En la forme : attendu que le Tribunal est saisi de deux affaires, dont l'une concerne quatre religieux profès de la Congrégation des Oblats de Sainte-Marie, établis à Saint-Pons, près de Nice, et dont l'autre concerne deux frères convers attachés à la même Congrégation ;

Que le Ministère public demande la jonction de ces deux affaires ;

Qu'il existe, en effet, entre elles une étroite connexité puisque les uns et les autres sont poursuivis pour avoir maintenu ou reconstitué une même Congrégation illicite, et qu'il y a lieu de faire droit sur ce point aux conclusions du Ministère public ;

Que, toutefois, il y a lieu d'examiner séparément le cas de ces deux catégories de prévenus, l'identité de situation en fait et en droit n'étant pas absolue.

Le Tribunal joint les deux instances et dit qu'il sera statué sur elles par un seul et même jugement.

Et au fond : 1° En ce qui concerne les quatre oblats profès :

Attendu que ces quatre prévenus, sans excepter Awaro Antoine, ainsi qu'il sera établi plus bas, appartiennent à la Congrégation des Oblats de Sainte-Marie depuis plus de 50 ans, et qu'ils étaient religieux profès avant la promulgation de la loi sarde du 29 mai 1855 dite d'incamération ;

Attendu que cette loi, le décret royal du même jour qui la complète, le traité d'annexion de 1860 et les décrets impériaux français consécutifs à ce traité ont créé à l'égard de ces quatre prévenus une situation toute spéciale qu'il importe avant tout de préciser exactement ;

Attendu que par l'effet de cette loi (article 1) et du décret qui l'accompagne, les maisons de l'ordre religieux des Oblats de Sainte-Marie ont cessé d'exister comme être moraux, reconnus par la loi civile, que leurs biens ont été affectés à une caisse spéciale dite caisse ecclésiastique (article 4) ;

Mais que cette loi, loin d'édicter la suppression immédiate de cette congrégation et la dispersion des religieux composant ses divers établissements, a, au contraire, par une série de dispositions, consacré, assuré et réglé la subsistance de cette congrégation, la persistance de la vie en commun de ses membres, la continuation de leurs œuvres, à titre transitoire et viager toutefois et seulement jusqu'au décès du dernier religieux existant en 1855 ;

Attendu qu'il convient de citer à cet égard les articles 9 et 17 de cette loi :

Art. 9. — Les membres actuels des maisons dont il s'agit à l'article 1 qui y auront été reçus antérieurement à la présentation de cette loi au Parlement et qui continueront à vivre en commun selon leur institution dans les établissements qu'ils occupent actuellement ou dans tels autres cloîtres qui seront destinés à cet effet par le Gouvernement, après avoir ouï l'administration de la caisse ecclésiastique, recevront annuellement de cette caisse un revenu correspondant à la rente nette actuelle des biens maintenant possédés par les maisons respectives, pourvu que ce revenu n'excède pas la somme annuelle de lires 500 pour chaque religieux ou religieuse profès et de lire 240 pour chaque laïque ou convers.

Chacune des communautés ainsi composées aura en jouissance, outre l'édifice destiné au logement, le jardin et autres dépendances, comprise dans la clôture.

Art. 17. — Nonobstant la disposition de l'article 1, les membres des maisons religieuses qui cessent d'être reconnus comme êtres moraux pourront faire en commun les actes nécessaires pour pourvoir à leur subsistance et au service du culte, et pour cet effet ils seront représentés par les chefs religieux respectifs selon la règle de leur institution.

Attendu que dans ces articles et dans nombre d'autres, qu'il serait superflu de reproduire, le législateur sarde de 1855 admet et reconnaît pour le présent et pour un avenir limité à des vies humaines tout ce qui constitue et caractérise la congrégation religieuse, à savoir : la vie en commun (article 11, deuxième alinéa et 14) la soumission à des vœux, à une règle et à des statuts (article 11, deuxième alinéa et 16) l'existence d'une hiérarchie (article 17) la poursuite d'œuvres communes, même les quêtes pour les ordres mendiants (articles 16 et 23);

Attendu qu'il résulte de ces textes, avec évidence, que la Congrégation des Oblats de Sainte-Marie est, dans la mesure temporaire et restreinte qui a été précisé, une congrégation autorisée par le législateur sarde de 1855 ;

Attendu qu'il échet dès lors d'examiner si l'annexion de la Savoie et du comté de Nice à la France d'une part, et d'autre part l'intervention de la loi du 1er juillet 1901, et la décision de la Chambre des députés du 24 mars 1903 ont modifié ou non cette situation juridique ;

Attendu sur le premier point qu'il est de principe que, après une annexion, les lois et décrets intervenus jadis sur le territoire annexé conservent toute leur autorité, pourvu qu'ils ne soient pas contraires à l'ordre public établi dans le pays annexant ;

Que l'autorisation viagère et restreinte donnée aux Oblats de Saint-Pons par le pouvoir législatif sarde n'avait rien de contraire à l'ordre public français ;

Attendu d'ailleurs que le Gouvernement français, a, par décret impérial du 21 novembre 1860, reconnu et pris à son compte la situation des congrégations visée par la loi sarde, et la charge de l'entretien des religieux annexés « vivant en commun », de même qu'il héritait des biens confisqués au profit de la caisse ecclésiastique, qu'en effet l'article 3 de ce décret est ainsi conçu :

Art. 3. — La propriété des biens attribués à la caisse ecclésiastique conformément à la loi sarde du 29 mai 1855, et ayant appartenu à des maisons d'ordre religieux, chapitre des églises collégiales, au béné-fice simple mentionné dans ladite loi et établi dans la Savoie ou dans l'arrondissement de Nice, est transféré à la France à dater du 14 juin 1860.

A partir de la même date, les pensions, allocations ou revenus alloués, en exécution de la même loi, aux ecclésiastiques ou religieuses vivant en commun ou séparément, seront à la charge du Gouvernement français ;

Attendu qu'un autre décret impérial, en date du 26 mars 1862 (bulletin des lois, parties supplémentaires, fascicules n° 822 et n° 12,988), a autorisé l'inscription au trésor public d'un certain nombre de pensions dues à des religieux incamérés, qu'au tableau annexé à ce décret figurent sous le n° 6 :

Chiappel François, sous le n° 8 ; Awaro Antoine, sous le n° 18 ; Giordano Félix, sous le n° 24 ; Ferrero Vincent, tous Oblats de Sainte-Marie et domiciliés à Saint-Pons, près Cimiez (Alpes-Maritimes) ; qu'il est donc hors de doute que le prévenu Awaro est en droit de se réclamer, comme les trois autres, du bénéfice de la loi d'incamération ; bien que le Ministère public l'ait contesté par suite d'un renseignement erroné ;

Qu'il est donc évident que les prévenus avaient, après comme avant l'annexion, le droit de vivre en commun au couvent de Saint-Pons ;

Attendu qu'il est à peine besoin de remarquer que la loi du 1er juil-let 1901 n'a pu en rien modifier cette position régulière aux yeux de la loi, puisqu'elle admet, dans son article 18, la validité des autorisa-tions qui ont pu être accordées antérieurement ;

Que dès lors, il est inutile de rechercher si la loi de 1901 oblige les prévenus en tant que loi de police et de sûreté ; qu'il est inutile égale-ment d'examiner si cette loi a un effet rétroactif ou peut, au contraire, être mise en échec par des droits acquis antérieurs, puisqu'il ne s'agit en aucun cas de lui faire échec ;

Attendu que la prévention argue du rejet par la Chambre des députés, dans sa séance du 24 mars 1903, de la demande d'autorisation qui avait été formulée par la Congrégation des Oblats de Saint-Pons, mais qu'il importe d'écarter ici toute confusion ; qu'il s'agissait, dans la demande qui a été rejetée, de créer une situation toute nouvelle et pro-fondément différente dans sa durée, dans son étendue, dans son essence et son but de la situation déjà acquise aux quatre prévenus et dont ils se prévalent ;

Que la demande rejetée visait la création d'une congrégation comprenant beaucoup plus de quatre religieux, pouvant d'ailleurs s'accroître et en tous cas, combler les vides faits par les décès ou les départs ayant un but et une action beaucoup plus étendus que ceux des religieux d'avant 1855 ;

Attendu que cette demande d'autorisation ayant été rejetée, tous les religieux qui n'auraient pu se prévaloir que de cette autorisation sont aussitôt dispersés ; qu'ainsi la loi de 1901 a reçu toute son application, et la décision de la Chambre des députés produit tout son effet ;

Attendu qu'en effet, que ce rejet par la Chambre ne peut opérer le retrait de l'autorisation viagère que les quatre prévenus tiennent de la loi de 1855, puisque les autorisations une fois données ne dépendent plus du Parlement aux termes mêmes de la loi du 1er juillet 1901 ;

Qu'il y a donc lieu d'acquitter Awaro, Giordano, Ferrero et Chiappa ;

Attendu que la loi d'incamération contient un article 13 ainsi conçu :

Art. 13. — Chaque communauté pourra, si le besoin l'exige, recevoir des nouveaux laïques ou convers en remplacement de ceux qui manqueraient dorénavant pour cause de décès ou autrement, pourvu que leur nombre n'excède pas le tiers des profès ;

Attendu que cette disposition met une fois de plus en lumière l'autorisation véritable, quoique viagère, donnée aux congrégations incamérées puisqu'elle prend soin d'assurer sur le recrutement de leur personnel convers, c'est-à-dire des gens de service qu'un âge avancé rend impropres à leurs fonctions ;

Qu'il faut retenir de cet article 13 que les convers à la différence des profès peuvent se prévaloir de la loi d'incamération même si leur entrée dans la Congrégation est postérieure à 1855 ;

Que tel est le cas précisément du prévenu Michel, qui est entré comme convers au couvent de Saint-Pons, en 1864 ; qu'il y a donc lieu de le renvoyer indemne des fins de la poursuite ;

Attendu que le dernier prévenu Chiavasso, étant étranger, a été expulsé des territoires français, par arrêté ministériel du 24 août 1903, à lui notifié le 11 septembre 1903 ; qu'il a été assigné le 4 décembre suivant à la Mairie de Nice pour comparaître à l'audience du 9 décembre 1903 ;

Attendu que Chiavasso ne peut avoir et n'a en réalité dans ces conditions, ni domicile, ni résidence connus en France ;

Que c'est à tort qu'il a été assigné à la Mairie de Nice ;

Qu'une copie de l'exploit d'ajournement aurait dû être affichée à la principale porte de l'auditoire du Tribunal et une autre remise au Parquet du Procureur de la République (article 69, § 8 du Code de procédure civile) que l'assignation n'est donc pas régulière ;

Attendu d'autre part que le prévenu ne peut ni présenter ses moyens de défense, ni les faire valoir par un avocat étant donnée l'interdiction de la représentation dans l'espèce (article 185 du Code d'instruction criminelle) l'arrêté d'expulsion et l'impossibilité d'obtenir un sauf conduit, faute de temps ;

Attendu qu'à ce double point de vue, le Tribunal ne peut statuer d'une façon régulière sur la poursuite en ce qui touche Chiavasso.

Par ces motifs :

Le Tribunal,

Statuant contradictoirement à l'égard d'Awaro et de Michel,

Par défaut, à l'égard de Giordano, de Ferrero et de Chiappa qui ne comparaissent pas bien que régulièrement assignés,

Acquitte ces cinq prévenus et les renvoie des fins de la poursuite sans dépens.

Déclare l'action du Ministère Public non recevable en l'état actuel de la procédure en ce qui concerne Chiavasso, la rejette en l'état, tous droits demeurant réservés quant au fond.

Signé : TRUC, DE CATALOGNE, APPLETON, ANFOSSI.

Enregistré à Nice, le 17 décembre 1903, f° 71, c⁰⁰ 14, droit 1 fr. 80, à comprendre aux dépens.

CINQUIÈME PARTIE

Faits divers

1° Le droit de personne juridico-civile et de propriété acquis par les vingt-un chanoines titulaires, composant le Chapitre de Nice en force des statuts capitulaires de 1845, édictés sous l'empire des lois sardes, et maintenus par suite des stipulations diplomatiques internationales intervenues entre le Gouvernement français et le Gouvernement sarde en 1860, et sanctionnés par l'encyclique 30 décembre 1860, ainsi que par la bulle apostolique du 24 juillet 1861, signée, sur la demande du Gouvernement impérial, par le Souverain Pontife Pie IX, ne pouvait pas être contesté ni méconnu légalement par l'Etat cessionnaire ;

2° Pourtant l'Etat français, ne pouvant légalement abroger ces droits acquis sans violer les traités diplomatiques, qui les avaient reconnus et sanctionnés, a cherché, par la ruse et par la surprise, de les abroger avec le consentement même des chanoines titulaires de Nice. Voici le mode : Par lettre du 4 avril 1864, signé M. Baroche, ministre des Cultes, le Gouvernement impose au Chapitre de Nice les statuts de 1804, jadis approuvé par le premier consul Napoléon 1er, en date du 2 germinal, an XII, dont l'article 1er porte que :.« Le Chapitre de Nice est composé de neuf chanoines, avec ordre de faire constater, par délibération capitulaire, la réception et l'acceptation de ces statuts.

3° Les chanoines de Nice considérant que les statuts de 1845 avaient seuls force de loi pour avoir été rédigés et approuvés par qui de droit, et qu'en force du décret approuvant ces statuts, les anciens de 1804 ont été abrogés et qui dès lors avaient été considérés comme nuls et non avenus, surtout en tant que contraires au droit canon. Par requête à l'Empereur, les chanoines lui avaient signifié ne pouvoir les accepter ni les adopter par les raisons péremptoires y indiquées. En même temps, ils ont adressé au Souverain Pontife Pie IX une réclamation en forme de supplique justifiée. Le Souverain Pontife, en réponse, leur fit dire par le Nonce apostolique de tenir ferme et de n'accepter les nouveaux statuts et de retenir, comme seuls valables, ceux de 1845 dont la teneur est, selon l'esprit du droit canon, déclarant que le changement, la modification de ces statuts ne pouvait se faire sans l'intervention de l'autorité compétente.

Copie d'annexe

En 1864, s'étant produites certaines exigences pour que les statuts capitulaires fussent changés ou modifiés, le Chapitre crut devoir s'y opposer ; et ayant ensuite consulté le Saint-Siège, pour savoir la ligne de conduite qu'il aurait à suivre à ce sujet, le Souverain Pontife Pie IX lui fit parvenir, par l'entremise de Son Excellence Mgr le Nonce apostolique à Paris, la réponse suivante :

NONCIATURE APOSTOLIQUE
DE FRANCE
—

All'Illmo e Rev^mo Monsignor Barraia,
Canonico Segretario del Capitolo di Nizza.

ILL^mo E REV^mo SIGNORE,

Essendomi fatto un dovere di portare alla conoscenza del Santo Padre la richiesta diretta a cotesto Ven. Capitolo intorno al cambiamento della sua costituzione non che la risposta del medesimo corredata di opportune osservazioni, la Santità Sua mi ha ordinato di far conoscere al Capitolo medesimo, che la Santa Sede ha letto con soddisfazione i riflessi in parola, e loda la calma e la dignità con cui sono stati redatti ; la Stessa impegna il Corpo Capitolare a tener fermo, affinchè li suoi attuali statuti non siano cambiati nè modificati, se non col concorso della legittima autorità.

Io sono lieto di partecipare al Ven. Capitolo nella persona di V. S. Illma e Rev^ma questi sentimenti del Santo Padre, li quali saranno per loro un incoraggiamento per l'avvenire, come sono una ben giusta lode dell'operato per il passato.

Godo in questo incontro di confermarmi con sensi della più distinta stima.

Di V^a S^a Illma e Rev^ma

Dev^mo obb^mo servitore,

FLAVIO, Arcivescovo di Mira, Nunzio Apostolico.

Parigi, 19 maggio 1864.

Pour copie conforme à l'original :

Nice, le 20 février 1878.

JOSEPH BRES, Chanoine secrét. du Chapitre.

Depuis lors, les statuts de 1804, approuvés par décret impérial du 28 mai 1864, ont été considérés, par le Chapitre et par l'autorité diocésaine, lettre morte et non avenus.

4° Néanmoins, le Gouvernement de la République française, en 1898, persistant dans l'idée fixe de détruire la forme et l'essence constitutionnelle canonique du Chapitre de Nice et, par là, de supprimer le privilège acquis aux vingt-un chanoines de former et de composer le Chapitre de la cathédrale de Nice, pour le réduire au simulacre d'existence et de coutume des Chapitres français qui, d'après le droit canon ne sont pas des Chapitres selon la portée de la constitution de l'Eglise, il a eu recours à une ruse encore plus raffinée que le Gouvernement de l'Empire.

Il savait que le Chapitre de Nice possède une maison contiguë à la cathédrale et qu'en cas d'agrandissement de cette église la maison contiguë doit être démolie, et en exécution de cette démolition elle devait être cédée ou vendue par le Chapitre.

En exécution de leur projet, le Ministère des Cultes, d'accord avec le Ministère des Finances, ont décidé de faire réparer et orner l'église cathédrale de Nice, en affectant à ces réparations une somme assez importante. Après telle décision notifiée à l'évêque du diocèse, ce dernier, le 28 mai 1898, s'empressa de faire réunir tous les membres du Chapitre pour leur faire part de la décision ministérielle relative à l'embellissement de la cathédrale.

Les chanoines, sans se douter que ces réparations étaient un prétexte pour arriver à leur anéantissement, à l'unanimité, ont adhéré à la décision ministérielle de procéder à ces réparations.

Le Gouvernement, assuré de la non-opposition de la part du Chapitre, a ordonné à l'architecte du département de procéder par l'enlèvement des stalles, et à la destruction du chœur et du maître-autel, ensuite par la démolition des murs de droite et de gauche de l'église, formant les deux bras de la croix grecque, a l'intention d'agrandir les nefs latérales qui devaient être prolongées jusqu'à la rue Colonna-d'Istria, qui limite l'église à l'ouest dans son ensemble.

Pour effectuer ce prolongement de la nef droite de l'église, devenait nécessaire la démolition de la maison, sise rue Colonna-d'Istria et contiguë à l'église, portant le n° 12, et appartenant au Chapitre.

Les chanoines, surpris d'abord par la notification de la démolition d'urgence de cette maison pour l'agrandissement de la cathédrale, ensuite, cédant *pro bono pacis*, aux instances réitérées de l'évêque, auquel on ne saurait rien refuser, après avoir obtenu de la Sacrée Congrégation du Concile, par rescrit du 9 janvier 1899, l'autorisation en due forme, a cédé gratuitement à l'Etat cette maison, par délibération du 2 mars 1899 (dont copie est annexée à la suite des présentes) ;

5· La Préfecture, retenant la copie de la délibération, a ordonné la démolition de la maison cédée à l'Etat. Plus tard, elle a invité le Chapitre de préparer la minute de l'acte de cession avec le concours des Domaines.

L'acte de cession a été passé à la Préfecture (dont copie est annexée aux présentes). Après cette formalité, la Préfecture a envoyé à Paris la délibération et l'acte de cession pour l'approbation ; pendant ce temps l'église a été agrandie ;

6° Presque un an après, le Ministre des Cultes, par sa lettre du 8 février 1900, a envoyé la lettre (dont copie est transcrite au commencement, 1re partie, page 9), relatant l'*avis* de la section de l'Intérieur, des Cultes, de l'Instruction publique et des Beaux-Arts, du Conseil d'Etat (dont copie 1re partie, page 10). Si on lit attentivement la délibération du Chapitre du 2 mars et la minute de l'acte de cession où les droits et les qualités du Chapitre sont spécifiés d'après les lois sardes et des lois françaises dont on cite même l'article 7 de la convention internationale du 23 août 1860, on est forcé de dire qu'il n'est pire aveugle que celui qui ne veut pas voir ;

7° Suit le texte de la délibération.

8° Suit le texte de minute de l'acte de cession:

Le Chapitre de la cathédrale de Nice, réuni en séance ordinaire, le 2 mars 1899, dans la salle des réunions capitulaires, sous la présidence de M. le chanoine Antonin Guidi, faisant fonction de doyen, étant présents M. le chanoine Guidi et les soussignés.

Le Chapitre,

Voulant donner au Gouvernement un témoignage de la reconnaissance pour les travaux qu'il fait exécuter actuellement à la cathédrale de Nice, avec tant de libéralité, et en vue de faciliter les dits travaux ;

Vu la lettre de Sa Grandeur Monseigneur l'Evêque de Nice, au très révérend doyen du Chapitre, en date du 1er mars 1899, invitant le Chapitre à céder à l'Etat l'immeuble appartenant au dit établissement, sis à Nice, rue Colonna-d'Istria, 12.

Vu le décret de la Sacrée Congrégation du Concile, en date du 9 janvier 1899, signé cardinal Di Piétro. Préfet, autorisant la cession du dit immeuble.

Délibère à l'unanimité de céder purement et simplement à l'Etat l'immeuble suivant :

La portion de maison qu'il possède à Nice, rue Colonna d'Istria, 12, nécessaire à l'agrandissement de la Cathédrale, composée au rez-de-chaussée, sur sol, d'un passage, d'un magasin et d'un premier étage. Elle confronte au midi et à l'est avec l'église cathédrale, à l'ouest avec la rue Colonna-d'Istria, au nord et au dessus avec l'ancienne maison Bonzano cédée à l'Etat.

Le Chapitre de Nice possède cet immeuble depuis l'an 1830.

L'état Sarde a fixé à l'encontre de cet immeuble l'assiette de main-morte, et depuis 1860 l'Etat français l'a assujetti à la taxe de main-morte, preuve recognitive de la possesion d'un corps moral assujetti à cette taxe.

La possession non interrompue de 68 ans équivaut à titre incontestable de possession.

Le Révérend Chapitre désigne et délègue à l'unanimité M. Antonin Guidi, chanoine-titulaire, faisant fonction de doyen, pour signer au nom du Chapitre tout acte à intervenir à l'effet de cette cession à l'Etat.

Fait et délibéré à Nice, l'an, mois et jour que ci-dessus suivent les signatures à l'original.

GUIDI, chanoine-curé
MICHAUD DE BEAURETOUR, chanoine
CAPPATTI, vicaire-général, chanoine
GIRAUD, vicaire-général, chanoine
J.-B. BELLIEUD, chanoine
J. SIMON, chanoine
T. P. FARAUD, chanoine
FABRE, pr. apostolique, chanoine
C. CHIERICO, chanoine

Victor ASSO, chanoine
Paul CHRESTIA, chanoine
J. COGNET, chanoine
André FULCONIS, chanoine
A. MOISSON, chanoine
Paul CAVALLIER, chanoine
IMBERT, chanoine
J. MARTIN, chanoine

Pour copie conforme :

Nice, le 8 avril 1900.

Chanoine D. J. SIMON.

MINISTÈRE DES CULTES

CONTRAT DE CESSION

DIOCÈSE DE NICE

L'an mil huit cent quatre-vingt-dix-neuf et le 30 juin, par devant nous, préfet du département des Alpes-Maritimes, agissant au nom de l'Etat et spécialement en vertu d'une décision de M. le Ministre des Cultes, en date du   , prescrivant l'achat en vue de sa démolition, de divers bâtiments adossés à la cathédrale de Nice, est comparu M. le révérend Antonin Guidi, chanoine titulaire, faisant fonction de doyen du Chapitre de la cathédrale de Nice, agissant en ladite qualité, en vertu d'une délibération en date du 2 mars 1899, prise par ledit Chapitre, dûment approuvé le lendemain par Sa Grandeur Monseigneur l'Evêque de Nice, dont une expédition régulière a été annexée aux présentes, après avoir été visée par les intervenants.

Lequel ès qualité a préliminairement exposé ce qui suit :

Le Ministre des Cultes a projeté de dégager les abords de la cathédrale de Nice et prescrit à cet effet l'acquisition de divers immeubles qui y sont adossés pour être, soit démolis, soit incorporés à l'Eglise, d'après un plan d'embellissement dressé par l'architecte diocésain.

Le Chapitre de Nice possède l'un de ces immeubles :

En vue de faciliter l'exécution d'un projet ayant pour but unique l'embellissement d'un édifice public destiné au Culte, le Chapitre, heureux au surplus de participer dans la mesure de ses moyens, à une œuvre éminemment pieuse et d'utilité publique, a offert de céder gratuitement à l'Etat, ce qui est accepté par le Préfet, mais sous la réserve ci-après stipulée, l'immeuble dont il s'agit.

Il ajoute, à cet effet, que le Chapitre de Nice a qualité suffisante pour consentir cette cession. La capacité civile lui a été, en effet, conférée par le droit canonique et par le Concile de Trente (cess. XXX de réformatione) et par les concordats intervenus entre le Saint-Siège apostolique et les anciens rois de Sardaigne, notamment par les statuts capitulaires de 1845 (12, 13, 15). Elle a été enfin reconnue et confirmée par le décret impérial des 21, 22 novembre 1860, portant promulgation du traité de Turin du 24 mars précédent et du protocole de la commission internationale du 23 août de la même année, et ce dans les termes suivants :

Art. 7. — Les collèges et tous autres établissements publics existant dans la Savoie et l'arrondissement de Nice, et constitués d'après les lois sardes ex personnes civiles pouvant acquérir et posséder, conserveront la propriété de tous leurs biens, meubles et immeubles et les sommes existant dans leurs caisses au 14 juin 1860.

En conséquence, M. le révérend chanoine Antonin Guidi, ès qualité déclare céder gratuitement, mais à la charge de l'affectation spéciale ci-dessus sous toutes les garanties de fait et de droit, à l'Etat, pour le compte de l'administration des Cultes.

Désignation. — Une partie de maison, sise à Nice, rue Colonna-d'Istria, nº 12, comprenant un rez-de-chaussée divisé en magasin et couloir et un premier étage. Confronts : elle confronte au midi et à l'est, la cathédrale ; à l'ouest, la rue Colonna-d'Istria ; au nord et au-dessus, la maison Bonzano, précédemment acquise par l'Etat, suivant acte administratif du

Origine de propriété. — Le Chapitre possède cette partie de maison pour l'avoir recueillie dans la succession de Mgr Colonna d'Istria, ancien évêque de Nice, en vertu du legs contenu dans son testament fait en 1830, et de l'autorisation de l'accepter, donnée le 30 septembre 1837. Depuis cettte époque, le Chapitre en a toujours eu la possession paisible, publique, et à titre de propriété absolue.

Entrée en jouissance. — L'Etat aura la propriété et la jouissance de l'immeuble à compter de ce jour, et il en disposera à son gré, soit comme il est dit ci-dessus, pour le démolir, soit pour l'incorporer à la cathédrale.

Clauses et conditions de la cession. — L'immeuble est cédé dans son état actuel avec ses attenances et dépendances, sans exception ni réserve. Il n'est grevé d'aucune servitude et est cédé franc et libre de toute dette et hypothèque.

Le Chapitre sera dégrevé des impositions à compter du 1er janvier 1899. Le présent contrat, dès qu'il sera devenu définitif, sera enregistré et transcrit à diligence de l'Etat et à ses frais.

Election de domicile. — Pour l'exécution des présentes, les parties font élection de domicile savoir :

Le Chapitre, en la cathédrale de Nice — et l'Etat dans le bureau de la Préfecture des Alpes-Maritimes — ainsi convenu et respectivement accepté, sous réserve de l'approbation du Ministre des Cultes.

Fait en double original à Nice, le jour, mois et an que ci-dessus. Et ont, les intervenants, après lecture faite, signé, expliquant que l'un des originaux du présent restera déposé aux archives de la Préfecture pour en être délivré tels extraits copiés, ou expéditions qu'il appartiendra.

Le Chanoine faisant fonction de doyen.

Signé : GUIDI Antonin, Chanoine.

Le Préfet.

9º Préméditer, ensuite exécuter des réparations aux fins, de détruire par ruse un corps moral qui donne et cède gratuitement et sans réserves une maison à l'Etat et, ce dernier, ne vouloir pas admettre les droits d'existence et de propriété indiscutables et incontestables de ce corps, c'est une ingratitude légale la plus inouïe ! ! C'est pourquoi nous nous permettons de dire à l'adresse de l'Avis du Conseil d'Etat 1900 ce qui suit :

Au début de notre étude, nous avons fait remarquer qu'un *Avis* de la haute Assemblée du Conseil d'Etat, quel que respectable qu'elle soit cependant, garde son caractère de *simple* avis. Et en l'espèce ne saurait avoir *force de loi*.

Ainsi, le Chapitre de Nice, sans contrevenir à aucune loi, ni à aucun acte du pouvoir judiciaire, demeure libre d'accepter ou de ne pas accepter cet *Avis*.

D'autant plus que, s'il se départit de la manière de voir du Conseil d'Etat, ce n'est ni par parti-pris, ni à la légère qu'il l'a fait, mais uniquement pour sauvegarder les graves intérêts de son corps, qui serait compromis par la jurisprudence administrative qu'on voudrait lui imposer, car, d'après la jurisprudence des Tribunaux civils suivie par les Cours d'appel et de cassation, le conseil des hommes de loi, qui dans leur impartiale justice s'inscrivent en faux contre le dit Avis, conclut à le repousser, par le motif que seuls les Tribunaux civils ont qualité de connaître et d'interpréter une législation étrangère et l'interprétation de la loi d'annexion est aussi du ressort de l'autorité judiciaire.

Au surplus, nous sommes persuadés que si la question de la personnalité civile du Chapitre de Nice était formellement soumise à la décision du Tribunal compétent, ou même au Conseil d'Etat dont les membres ont donné l'avis que nous avons analysé, si ces membres étaient appelés à statuer *comme juges* sur cette question et s'inspirant des documents que nous avons cités et des raisons que nous avons exposées, les mêmes membres s'écarteraient de leur premier avis et donneraient une sentence plus conforme au droit diplomatique, international, canonique et civil ; ou plus simplement ils donneraient une sentence conforme à la justice.

Il nous répugne, en effet, de penser et de dire que le Conseil d'Etat, haute assemblée très respectable, a agi en la circonstance, ou légèrement sans avoir pris pleine connaissance de la cause ou par faiblesse et par complaisance ; nous n'osons ni penser cela ni le dire.

10° Passons à l'analyse de la portée du sens de la lettre signée, en date du 8 février 1900, par M. le Directeur des Cultes et adressée à Mgr l'Evêque de Nice.

Dans cette lettre M. le Directeur des Cultes, après avoir relaté l'avis du Conseil d'Etat, dit : « J'ai l'honneur de faire savoir à Monsieur l'Evêque que j'adopte cet avis. » Analysant le sens de ces paroles, nous disons : « Il est loisible à vous, Monsieur le Directeur des Cultes, d'adopter cet *avis* qui répond à vos vues et à vos désirs de supprimer le Chapitre de Nice ; mais les chanoines connaissent *ex jure* que cet *avis* n'a pas force de loi, et par là on ne peut pas les astreindre à l'accepter et à le subir, ils le repoussent. »

(Par démonstration de cette thèse à la première partie de cette étude, page 7).

Pour ce qui concerne l'ordre que vous donnez, Monsieur le Directeur, et que vous imposez au Chapitre de transcrire sur le registre des délibérations du Chapitre, en marge de celle du 2 mars 1899, nous disons que M. le Directeur des Cultes ne jouit point de la souveraineté de faire des lois et d'imposer sa volonté en ce qui concerne les Chapitres qui par la distinction des deux pouvoirs civils et ecclésiastiques, pour ce qui concerne l'état et la réglementation intérieure ne relèvent que du pouvoir ecclésiastique ou soit de l'Eglise. C'est pour cela que les vingt et un chanoines n'adoptant pas l'*avis* du Conseil d'Etat, ils ne doivent et ils ne peuvent exécuter, sans le concours et le consentement de l'Eglise, votre ordre d'inscrire.

Ensuite, M. le Directeur dit : « Je vous prie, en conséquence, de vouloir bien inviter cette assemblée à délibérer à nouveau sur l'affaire dont il s'agit, en se conformant aux statuts de 1864. » Or, de quelle assemblée a voulu parler ici Son Excellence ?

Est-ce du Chapitre composé de vingt et un membres et constitué d'après les statuts de 1845 ou bien du Chapitre qui, aux termes des statuts de 1864, ne peut avoir que neuf membres y compris le curé ?

Si M. le Ministre, par les mots : « *cette assemblée* », avait désigné le Chapitre constitué d'après les statuts le 1864, il nous semble qu'il aurait simplement dit à Monseigneur de réunir, en sa qualité de président, les neuf membres composant cette assemblée, pour les faire délibérer à nouveau en conformité de ce qu'il lui demande dans sa lettre du 8 février.

Mais, comme cette assemblée n'est pas un corps particulier, d'après les statuts de 1864, pourquoi l'inviter à délibérer surtout que selon la portée de l'article 10 des mêmes statuts ainsi conçu : « L'évêque... demande l'avis des chanoines sans être astreint de s'y conformer. » Cette assemblée n'a pas qualité puisqu'elle n'a pas voix délibérative ; donc elle ne peut être appelée à délibérer à nouveau pour valider un acte censé nul, surtout que comme telle incorporée à l'évêque n'a pas de propriété a elle. Pourtant au lieu de prendre cette voie qui était indiquée par la suite des idées, Son Excellence prie l'évêque d'inviter cette assemblée à délibérer à nouveau; c'est-à-dire, il le prie d'inviter une assemblée distincte de lui, ayant une personnalité distincte, une assemblée constituée, qui a son chef, ou président distinct de l'évêque, une assemblée qui a voix délibérative, et qui a déjà délibéré une fois, en disant : « *à délibérer à nouveau.* » En d'autres termes « d'inviter l'assemblée signataire de la délibération du 2 mars 1899. »

Le but même que se propose, M. le Ministre, exige cette interprétation : Son Excellence veut faire valider la cession déclarée nulle par le Conseil d'Etat. Or, cela ne peut se faire que par un Chapitre qui a voix délibérative et qui est propriétaire tels que celui composé de vingt et un membres régis par les statuts de 1845.

Monseigneur, déférant à la demande de M. le Ministre, a ôté tout doute pouvant rester à ce sujet, en priant M. le doyen du Chapitre de convoquer tous les membres qui le composent. Des lettres de convocation ont été envoyées aux dix-neuf membres vivants et valides constituant le Chapitre d'après les statuts de 1845. Et c'est ce Chapitre composé de vingt et un membres qui s'est trouvé réuni le 1er mars 1900 dans la salle des séances capitulaires. D'ailleurs, à Nice, on ne connaît pas d'autres Chapitres que celui qui a vingt et un membres.

Il importait, ce nous semble, de déterminer bien exactement quelle était l'assemblée qui était appelée à *délibérer à nouveau* sur l'affaire de la *Cession*. Il est donc bien établi que le Chapitre reconnu actuellement par l'autorité religieuse et civile, est celui qui a pour régime les constitutions de 1845. C'est celui-là qui est saisi de l'affaire en question, parce que c'est celui-là qui est propriétaire.

Au fond, qu'est-ce que M. le Ministre demandait à cette assemblée ?

Au Chapitre canoniquement et légalement composé de vingt et un membres, qu'on appelle assemblée (en lui donnant la qualité d'assemblée, on reconnaissait par-là même sa constitution régulière et valable), il lui demandait, chose inouïe! d'immoler douze de ses titres ou prébendes canoniales et par conséquent douze de ses membres au bon plaisir de quelqu'un. Si, par un coup d'autorité, on avait dissous le Chapitre pour le constituer sur d'autres bases, c'eût été un excès de pouvoir; néanmoins, le procédé eût été plus logique, plus sincère et plus vrai.

Si le Gouvernement de la République française pouvait faire cela, il n'aurait pas tardé à le faire et l'aurait fait; mais ne le pouvant, il invite cette assemblée à délibérer à nouveau. Or, convoquer un corps, le faire délibérer non sur des règles ou direction intérieures quelconques, mais sur sa constitution même, sur l'existence de ceux qui sont la majorité, autant il faut dire, du corps lui-même; cela, nous l'affirmons, ne s'était jamais vu. Admettre qu'un corps constitué d'après les lois sardes et canoniques dans un intérêt public (et tout Chapitre cathédral est dans ce cas) peut délibérer sur sa propre constitution, c'est admettre qu'il peut se suicider. Le Chapitre de Nice, création et institution de l'Eglise, ne s'est pas créé lui-même, il tient le pouvoir de l'Eglise. Le Pape, le légat a *latere* son délégué et son subdélégué, en l'érigeant et en le déclarant érigé, lui ont conféré le droit de se développer, conformément aux prescriptions canoniques et par-là découle le pouvoir d'acceptation canonique des canonicats adjoints à ceux de première fondation formant tout le corps capitulaire.

11° Le Chapitre de Nice, convoqué et réuni en séance extraordinaire du 1er mars 1900, par lettre de convocation de son président, selon les statuts de 1845, pour prendre connaissance et entendre le communiqué de l'*avis* du Conseil d'Etat et de la lettre au nom de M. le Ministre des Cultes, surpris d'abord de l'étrangeté de l'affaire soumise à sa délibération, comme à l'exigence impérieuse de la demande de M. le Ministre, fort de son droit, vu l'impossibilité de résoudre et de se prononcer à

l'imprévu sur une affaire délicate comprenant des questions complexes dont les suites pourraient devenir désastreuses pour les membres, à l'unanimité a décidé de nommer une commission, composée de MM. les chanoines Asso, Fabre et Simon, afin d'étudier l'affaire, d'en relever les droits et les raisons pour en donner au Chapitre, avec l'avis, un rapport détaillé conforme au droit Canon. En même temps, le Chapitre retenait qu'une donation est un contrat synallagmatique bilatéral exigeant le consentement du donnant et du donataire, qu'à défaut d'un de ces deux consentements l'acte devient nul.

Appliquons ce principe au cas du Chapitre. Il est vrai que le Chapitre de Nice, légitime propriétaire de la maison susmentionnée, a exprimé son consentement unanime et par-là il a consenti, par délibération du 2 mars 1899, à l'aliénation en faveur de l'Etat, de l'immeuble susmentionné ; mais, comme d'autre part l'Etat représenté par le Ministre des Cultes a refusé d'accepter cet immeuble pour les raisons indiquées dans sa lettre sous la date de Paris 8 février 1900, le contrat est devenu de nulle valeur et non avenu. En conséquence, la propriété de cet immeuble est retournée et appartient à l'être moral qui la possédait auparavant, avec droit aux membres co-propriétaires qui composent ce corps moral de la revendiquer par-devant les Tribunaux compétents.

Car le Chapitre de Nice n'a consenti que comme corps constitué de vingt-un membres chanoines titulaires. Ses membres ont exprimé leur consentement en considération des droits et avantages dont ils continueraient à jouir dans la cathédrale comme corps constitué des chanoines. Or, douze chanoines parmi le nombre, selon la décision de l'*Avis* du Conseil d'Etat et au dire de M. le Ministre des Cultes, sont privés de ces droits et avantages ; il s'ensuit que les chanoines ont le droit de retenir ces avantages qu'ils avaient abandonnés, seulement en vue de ceux qu'aujourd'hui on s'efforce de leur ravir.

12° En séance capitulaire d'avril 1900, Mgr Fabre, au nom de la Commission, a donné lecture de son rapport qui conclut pour le refus d'accepter l'avis du Conseil d'Etat et les injonctions de M. le Ministre des Cultes. D'après cet avis motivé, le Chapitre a délibéré de faire recours au Saint Père et de saisir la Sacrée Congrégation du Concile pour la défense de ses droits contre les exigences de l'Etat.

En exécution de ces ordres formels du Chapitre, le fondé de pouvoir et trésorier du Chapitre a fait des démarches auprès de Son Excellence le Nonce, à Paris, et auprès de Son Eminence le cardinal Di-Pietro, préfet de la Sacrée Congrégation du Concile de Rome.

L'accueil le plus favorable a été accordé par l'autorité religieuse à ces recours. Cette dernière a demandé les pièces justificatives du droit du Chapitre. Le fondé de pouvoir a envoyé à Rome et à Paris avec la demande introductive, le rapport contenant preuve de l'existence canonique du Chapitre de Nice, le rapport qui prouve péremptoirement son droit d'existence civile et de propriété aux termes des lois sardes et conservés en force des stipulations diplomatiques en 1860 entre les deux Gouvernements sarde et français et les titres des nominations régulières des membres qui composent ce Chapitre.

Après mûr examen, l'autorité ecclésiastique a fait savoir que les prétentions du Gouvernement de la République française constituant une violation des droits diplomatiques internationaux, pour relever cette violation, le seul tribunal compétent suprême dans l'espèce étant le Congrès international, on devait avoir recours à lui par voie diplomatique. La raison en est que pour la solution d'une question en violation des traités diplomatiques, ne pouvaient en connaître ni être juges, les Tribunaux dépendant de la Nation qui a violé ces traités, puisque ces tribunaux sont considérés partie intégrante de la même Nation. Cette demande a été adressée et signifiée au Gouvernement français qui depuis lors, ne voulant pas subir une décision que le Congrès international aurait rendue conforme au droit, s'est désisté de ses prétentions, laissant par son silence, le Chapitre de Nice jouir de son droit de personne civile et de propriété, comme si cette question n'avait été jamais soulevée.

SIXIÈME PARTIE

Pratique administrative

Quoique l'autorité administrative depuis l'annexion ait cherché à favoriser les communes en appliquant le principe que ces dernières en France, sont considérées propriétaires des églises, cures, presbytères, jardins annexés ou contigus et des cimetières et à étendre, s'il le pouvait, ces principes aux pays annexés; pourtant, après les réclamations des corps constitués en personne civile d'après les lois sardes, reconnaissait le droit (à l'égard de la Savoie et de Nice) dans la pratique, la propriété, des Menses épiscopales des Chapitres, des séminaires, des bénéfices-cures, des presbytères, des Fabriques et des corps moraux religieux sur les anciens palais épiscopaux, églises et attenances, presbytères, jardins et cimetières, elle n'a fait l'objet d'aucune discussion sérieuse. Toujours on a admis que ces corps, personnes civiles seules en tant que propriétaires en vertu des lois sardes, avaient le droit de posséder ces biens, si elles les retenaient dans les conditions ci-devant relatées dans notre *Etude*.

Voici un exemple dont le document a été extrait des archives à l'archevêché de Chambéry. La commune de Bridoire (Savoie), en 1891 réclama auprès de l'autorité préfectorale de Chambéry que la Fabrique de la paroisse de Bridoire encaissât le produit des concessions dans le cimetière, droit qui, selon les lois françaises, appartient à la commune. M. le Préfet de Chambéry a signalé cette situation à l'autorité diocésaine aux fins de faire cesser et interdire cette perception indue.

Mgr l'Archevêque répondit très courtoisement à M. le Préfet que la Fabrique, avant l'annexion, ayant toujours été considérée propriétaire du cimetière, après 1860, elle retenait encore la propriété et par conséquent, aussi, le droit exclusif à tout autre établissement de percevoir le produit des concessions dans son cimetière.

Le Préfet de la Savoie, ému de cette situation, s'est adressé au ministère de l'Intérieur et des Cultes pour avoir des instructions sur le différend.

Copie de la lettre du Ministre de l'Intérieur à M. le Préfet de la Savoie

Paris, 25 février 1894.

MONSIEUR LE PRÉFET,

« Vous avez soumis à mon appréciation la question suivante :

« Informé que le produit des concessions dans le cimetière de la « commune de Bridoire, au lieu d'être versé dans la caisse munici-

« pâle était perçu par la Fabrique, propriétaire de ce lieu de sépulture,
« vous avez signalé à l'autorité diocésaine cet état de choses comme
« étant contraire à la loi française.

« Mgr l'Archevêque de Chambéry, arguant du droit de propriété
« de la Fabrique et de ce que l'établissement du cimetière de la Bridoire
« a eu lieu avant l'annexion de la Savoie, prétend que les droits conférés
« alors à la Fabrique sont garantis par une disposition générale du
« traité de cession de la Savoie et doivent être maintenus intégralement,
« en un mot que c'est la législation sarde qui doit être appliquée
« en l'état.

« De votre côté, tout en reconnaissant le droit de propriété de la
« Fabrique sur le cimetière de la Bridoire, vous estimez que la dispo-
« sition générale du traité précédent invoqué par l'autorité diocésaine
« *n'a pu viser que le maintien des situations qui n'étaient pas en*
« *contradiction avec les lois françaises alors en vigueur.* Vous faites
« observer que, dans l'espèce, le maintien du *statu quo* aurait lieu au
« détriment des pauvres, et contrairement aux lois, et en me demandant
« des instructions, vous me consultez sur le point de savoir, s'il ne serait
« pas régulier de mettre la commune de la Bridoire en demeure d'ac-
« quérir le cimetière actuel soit à l'amiable, soit par voie d'expro-
« priation.

« M. le Ministre des Affaires étrangères, dont j'ai dû devoir prendre
« l'avis, fait observer que l'article 7 de la Convention du 23 août 1860
« passé avec la Sardaigne, assure la conservation de leurs biens à tous les
« établissements publics qui, à l'époque de l'annexion se trouvaient
« dans les territoires acquis par la France, constitués par la législation
« sarde en personnes civiles, capables d'acquérir et de posséder.

« Les dispositions de cet acte international, ajoute mon collègue,
« paraissent légalement applicables au cas de l'espèce, et si comme
« semble l'établir le dossier, la Fabrique de la Bridoire se trouvait
« effectivement, au moment de la réunion de la Savoie à la France en
« possession légale du droit de disposer des concessions dans le cime-
« tière en question, il serait difficile, au point de vue diplomatique, de
« contester le bien-fondé de l'argumentation de Mgr l'archevêque de
« Chambéry.

« Il ressort des considérations exposées par M. le Ministre des
« Affaires étrangères sur l'interprétation que comporte l'article 7 de la
« Convention du 23 août 1860 avec la Sardaigne, que la commune de la
« Bridoire ne saurait revendiquer, tant pour elle que pour les pauvres,
« la perception du produit des concessions dans le cimetière actuel sans
« porter atteinte à des droits garantis par un acte international.

« Dans ces conditions, pour mettre fin à cette situation préjudicia-
« ble à la commune et aux pauvres, il semble que l'Administration
« municipale devrait, soit s'efforcer d'acquérir le cimetière à l'amiable
« de la Fabrique, soit d'établir un nouveau lieu de sépulture.

« Je vous laisse le soin de faire part des observations qui précèdent
« à l'Administration municipale de là Bridoire et je vous renvoie ci-
« jointes les pièces communiquées.

« Recevez, etc.

« Signé : *illisible.* »

Par ce document qui précède, on a le plaisir de constater que M. le
Ministre des Affaires étrangères, très compétent pour interpréter la
portée du traité diplomatique et de la Convention du 23 août 1860,
a jugé dans le même sens, dans lequel se sont prononcés constamment
et *invariablement les Tribunaux français.*

SEPTIÈME PARTIE

Conclusion

Il est bien établi qu'aucune loi française ne porte et n'établit aucun principe d'ordre public, qui interdise a *priori* en Savoie et à Nice, à la Mense épiscopale, au Chapitre, au séminaire, à la cure, à la Fabrique, aux monastères reconnus, la personnalité civile et la propriété des biens leur appartenant, en vertu de la législation sarde, tel que palais épiscopal, maison du Chapitre, hôtel appelé séminaire, église, presbytère, jardin et dépendances de l'église et cimetières, et maisons-monastères.

Qu'il n'existe aucun décret promulgué avant le 1er janvier *ayant force de loi*, qui transfère aux communes la propriété des immeubles qui ne leur appartenaient pas avant l'annexion de 1860, que si en France, les églises et leurs dépendances sont généralement considérées comme appartenant aux communes, c'est moins en vertu d'un texte de loi précis qu'en vertu d'une jurisprudence constante du Conseil d'Etat, jurisprudence basée sur ce que la propriété des églises avait été attribuée aux communes avant le Concordat, circonstance qui ne peut être invoquée en ce qui concerne les établissements constitués dans la loi sarde. (Tribunal de Chambéry, 4 février 1880.)

Que l'article 2 du Code civil, porte que la loi nouvelle n'a pas d'effet rétroactif et ne peut détruire les effets de la loi précédente ; par conséquent, elle ne peut influer sur les droits acquis précédemment tels que ceux de la personnalité civile et de la propriété. Que la bulle pontificale du Pape Pie IX, en date du 24 juillet 1861, publiée en son texte intégral par Mgr Jordany, évêque de Fréjus, le 10 juillet 1864, à la cathédrale de Nice, a force d'acte international et, par conséquent, est devenue loi française. Que la loi d'annexion du 24 mars et de la Convention internationale du 23 août 1860, dûment publiées, sont devenues *lois françaises*.

Que l'article 7 de cette convention spécifie les établissements publics, constitués par la législation sarde en personnes civiles capables d'acquérir, de posséder et de conserver leurs biens meubles et immeubles, et cet article 7 spécifie encore l'administration de ces biens en disant : « et les sommes existant dans leurs caisses, au 14 juin 1860. » Que les Tribunaux français de différent ordre, saisis par les citoyens de nouveau annexés pour connaître et juger sur des affaires, actes et contrats stipulés sous l'empire des lois sardes, ont constamment et uniformément appliqué ces textes depuis 1860 à ce jour. En retenant, que par ces textes, rapport aux populations annexées, l'application de la législation sarde constituant certains droits définitifs et intangibles, étaient une loi française.

Que, aux Tribunaux qui se sont succédé durant la période d'un demi-siècle, se sont joints les juriconsultes du Ministère des Affaires étrangères pour donner avec une réponse catégorique la même solution, et que les droits acquis sous l'empire des lois sardes sont intangibles et inattaquables.

Que le Conseil d'Etat, par son avis du 10 janvier 1900, n'est pas appelé pour constituer et établir une jurisprudence nouvelle, en affirmant que le Chapitre de Nice a pris la délibération du 2 mars 1899 en double violation de l'article 1er des statuts 1864, et de la loi 18 germinal an X (nous avons péremtoirement prouvé que le premier a été édicté après le délai, et le second n'a jamais été publié ni avant, ni après le délai fixé par le Sénatus-consulte du 12 juin 1860 pour avoir force de loi) le Conseil d'Etat continue « qu'on prétendrait vainement justifier cette intervention, en invoquant les stipulations diplomatiques échangées au moment de la cession du comté de Nice, alors que ni le traité de Turin du 24 mars 1860, ni l'art. 7 de la Convention du 23 août suivant qu'on rappelle, n'ont eu en vue les titulaires ou établissements ecclésiastiques. »

Contrairement à l'interprétation erronée des actes diplomatiques susindiqués, émise par l'avis du Conseil d'Etat, en date du 10 janvier 1900, nous avons prouvé péremptoirement dans la 3e partie du présent, page 35, que le Chapitre de Nice étant un établissement public reconnu par la loi sarde en personne civile, selon l'objet et l'effet de l'article 7 de la convention internationale, bénéficie de la reconnaissance légale en France. La véritable interprétation autorisée de ces actes a été donnée par les Tribunaux civils.

Nous n'hésitons pas à le dire dans notre conclusion : les Tribunaux administratifs n'ont dans l'espèce de ces affaires, ni procès à juger, ni décision à rendre, ni avis à émettre. *Ces décisions sont du ressort exclusif des Tribunaux civils*, qui, aujourd'hui, comme hier, avec leur indépendance coutumière, éclairés à la seule lumière de la justice et du droit jugeront à la satisfaction des parties qui ont eu recours à leur décision souveraine.

Que par application des principes que la loi n'est pas obligatoire ni applicable si elle n'est pas publiée, que le temps assurément déterminé dans le délai fixé par le Sénatus-consulte du 12 juin 1860, pour avoir force de loi, en Savoie et à Nice porte la date du 31 décembre 1860, que passé ce délai on ne peut plus publier des lois anciennes, ayant force de loi ; que celles publiées postérieurement à cette date et contraires aux droits acquis par les annexés de 1860 sont nulles et non avenues pour la Savoie et Nice, que, en conséquence :

1° Le décret de la Convention du 26 décembre an IX ;

2° Le règlement général sur l'organisation des Fabriques, 31 décembre 1809 ;

3° La loi organique du 18 germinal an X ;

4° Les lois, ordonnances et décrets concernant les établissements religieux ;

5° Le décret, 28 février 1860 ;

6° Le décret, 28 mai 1864, approuvant les statuts de 1802.

Ces décrets non publiés en temps utile ne peuvent plus être publiés dans les Provinces de la Savoie et Nice, ils sont et demeurent à jamais pour ces territoires seuls, non avenus.

Que le refus de reconnaître les droits acquis par les citoyens ou les corps moraux reconnus par la loi sarde en personne civile, constitue un abus de pouvoir déférable par-devant les tribunaux civils à l'exclusion de l'ingérence administrative, qu'en cas de refus et de déni de justice de la part des Tribunaux compétents, la violation du pacte conclu dans les stipulations diplomatiques de 1860, est déférable au Congrès international.

Que l'application pour la Savoie et pour Nice, des lois françaises non publiées en ces territoires est *déférable au Sénat comme acte inconstitutionnel.*

Nous voici donc arrivés à la conclusion de notre *étude.* La reconnaissance des droits acquis par les annexés de 1860, admis indiscutablement dans la présente et l'application de la loi sarde devenue, pour ces territoires, loi française et comme telle reconnue par les Tribunaux civils seuls compétents, nous ont permis de dire la vérité et nous l'avons exprimée avec franchise et fermeté. La vérité n'est jamais une offense pour personne.

Que le Gouvernement actuel le sache. L'annexion de la Savoie et de Nice n'est pas le résultat d'une victoire remportée après une guerre et qui donne le droit au vainqueur d'imposer les conditions et la loi que bon lui semble, mais c'est le résultat d'un plébiscite.

Les habitants de la Savoie et de Nice, par leur vote librement et spontanément exprimé en 1860, ont imposé à la France, ainsi que les traités diplomatiques intervenus à l'époque de cette annexion, le pacte du respect et du maintien de certains de leurs droits propres à conserver à leur pays, au sein de la nouvelle patrie, comme souvenir et des traces de leur *ancienne autonomie.*

CONCLUSIONS

Enfin, nous sommes convaincus que, au fur et à mesure que les principes de droit que nous avons exposés en cette thèse seront mieux connus et mieux appréciés, et que les documents que nous avons cités et en partie analysés, seront pris en considération, comme il convient, et alors le contraste plus apparent que réel qu'on a voulu constater entre l'esprit et les tendances de l'ancien comté de Nice et des autres départements de la France; ce contraste disparaîtra complètement.

Encore une fois, nous sommes convaincus, qu'alors se vérifiera ce que M. Troplong a prévu lorsque dans son discours il annonçait au Sénat l'annexion de la Savoie et de Nice, et que l'accord le plus parfait régnera entre les provinces annexées et la France.

Nice, le 27 septembre 1903.

Le Fondé de pouvoir et Trésorier du Chapitre de Nice,

Chanoine J. SIMON.

Appréciation de M. l'Avocat Alexandre Médecin, Docteur en Droit

ORDRE DES AVOCATS

DE NICE

Nice, le 25 octobre 1903.

MONSIEUR LE CHANOINE SIMON,

J'ai parcouru avec le plus grand intérêt la thèse que vous avez produite concernant la *personnalité civile* et les droits de propriété des établissements religieux existant en 1860 dans les territoires annexés à la France.

Je savais que vous unissiez à la science théologique un grand savoir en droit civil et canonique.

Et l'initiative que vous avez prise de discuter une question juridique ne m'a pas surpris.

Il m'aurait fallu plus de temps que vous ne m'avez laissé, pour approfondir la matière de votre travail.

J'ai rapporté toutefois de ma trop rapide lecture cette impression que votre thèse inattendue est soutenable en droit.

Je vous prie d'agréer mes félicitations, et l'expression de mes sentiments de très parfaite considération.

Signé : A. MÉDECIN, Avocat.

Imprimatur :

✝ HENRY,

Evêque de Nice.

TABLE DES MATIÈRES

QUATRIÈME PARTIE

CINQUIÈME PARTIE

SIXIÈME PARTIE

SEPTIÈME PARTIE

www.ingramcontent.com/pod-product-compliance
Lightning Source LLC
Chambersburg PA
CBHW071452200326
41519CB00019B/5714